Michael Pröttel

Der WanderUrlaubsführer
CINQUE TERRE
LIGURIEN

Die **58 Top-Wanderungen** und **Ausflüge**,
4 Rundreisen plus **Faltkarte** und **GPS-Tracks**

AF216938

Der WanderUrlaubsführer

CINQUE TERRE
LIGURIEN

Michael Pröttel

BRUCKMANN

INHALT

Obststand in
Portovenere

San Stefano D'Aveto besitzt eine mächtige Burganlage.

Riviera di Levante West

**Gasse mit Meer-
blick in Manarola**

Die Früchte der Erdbeerbäume sind im Spätherbst reif.

Genua und Umgebung

Gute Bäckereien gibt es fast in jedem Ort.

Riviera di Ponente

Ganz im Osten stürzt die Riviera di Levante besonders steil ins Meer ab.

VORWORT

Ligurien war und ist seit jeher ein Urlaubsziel für Menschen, die etwas ganz Besonderes suchen. Während das Gros deutscher Italien-Reisender hinter dem Brenner schnurstracks die ebenso langen wie überlaufenen Sandstrände der Adria ansteuert oder vielleicht noch ein paar weitere Kilometer zu den Ufern der Toskana in Kauf nimmt, wissen Ligurien-Liebhaber, wie sehr es sich lohnt, den nordwestlichen Küstenbogen des italienischen Stiefels zu besuchen.

Zugegeben: Wer nur faul am Strand liegen möchte, ist zwischen La Spezia und Ventimiglia nicht ganz richtig aufgehoben. Schließlich wäre es ein Fauxpas, die großartigen Wandermöglichkeiten außer Acht zu lassen, die die wildromantische Steilküste und die dahinter aufragende ligurische Bergwelt zu bieten haben.

Nach den meist alles andere als überlaufenen Touren laden idyllische Bergdörfer und malerische Küstenstädte zum Einkehren ein. Und nachdem man seine Wandermuskeln mit einem Sprung ins Meer erfrischt hat, gibt es nichts Schöneres, als den aktiven wie auch abwechslungsreichen Urlaubstag bei einem stimmungsvollen Sonnenuntergang an den tyrrhenischen Gestaden zu beenden.

Lassen Sie sich entführen in die drittkleinste Region Italiens, die ihre großen Schwestern in Sachen Natur, Fitness und Erholung meistens in den Schatten stellt!

Und auch kulturell hat Ligurien nicht nur in der Hauptstadt Genua einiges zu bieten.

Schieferdach im Avetotal

Sonnenuntergang
bei Sestri Levante

Kulinarisch
kommen auch Vegetarier
bestimmt nicht zu kurz.

LIGURIEN – DREAM-TEAM AUS GEBIRGE UND MEER

Vormittags wandert man durch schattigen Buchenwald auf Gipfel mit Meerblick. Und wenig später badet man in den Wellen der italienischen Riviera. Nirgendwo sonst liegen landschaftliche Kontraste so dicht beieinander wie in Ligurien. Auch kulturelle und kulinarische Spezialitäten finden sich zwischen Meer und Gebirge auf kleinstem Raum. Ideale Voraussetzungen also, um den eigenen Aktivurlaub nach individuellen Vorlieben zu gestalten.

Liguriens Flora bietet dem Auge ebenfalls eine enorme Vielfalt. An den südexponierten Küstenhängen dominiert mediterrane Macchia-Vegetation. Im Hinterland verleihen Wälder, satte Weiden und bunte Blumenwiesen den Bergen eine fast alpine Atmosphäre. Das kulinarische Angebot folgt ebenfalls dem Bild spannungsvoller Gegensätze: Das Spektrum reicht von touristischen Fischlokalen am Meer bis zu urigen Landgaststätten im gebirgigen Hinterland. Und noch in den Bergen ist die unendliche Weite der See zu spüren: Mehr als zwei Drittel der Wanderungen enden mit einem Ausblick auf das Mittelmeer.

Land und Leute

Zwischen Ventimiglia im Westen und La Spezia im Osten umrahmt der ligurische Küstenbogen auf 240 Kilometer Länge das Tyrrhenische

Olivenernte im Spätherbst auf Palmaria

Meer. Das geografische Hauptmerkmal Liguriens ist seine extreme Gebirgigkeit. Bei einer maximalen Breite von nur 35 Kilometern überschreiten die meisten Gipfel deutlich die 1500-Meter-Grenze. Dabei liegt der Monte Saccarello, mit 2200 Metern höchster Berg Liguriens, keine 28 Kilometer Luftlinie vom Meer entfernt. Die durchschnittliche Höhe dieses zwischen der Poebene und dem Tyrrhenischen Meer verlaufenden Gebirgszuges beträgt 1000 Meter. Ursache hierfür ist das

Blick ins hügelige Hinterland von La Spezia

Zusammentreffen zweier junger europäischer Faltengebirge. Denn die Alpen enden nicht, einem weit verbreiteten Irrglauben entsprechend, in Nizza, sondern im westlichen Ligurien. Erst am Passo Cadibona unweit des Monte Galero schließt sich der Apennin an, welcher den gesamten italienischen Stiefel durchzieht.

Ligurische Alpen und Ligurischer Apennin bilden zusammen eine wichtige europäische Wasserscheide. Während die Flüsse Roia, Argentina, Arroscia, Nervia und Magra ins Tyrrhenische Meer münden, fließen Bormida, Scrivia und Trebbia dem Po und somit der Adria entgegen. Seinem gebirgigen Charakter entsprechend besitzt Ligurien nur zwei größere Ebenen an den Flussmündungen von Neva/Arroscia (bei Albenga) und Magra (bei Sarzana), auf denen industrielle Landwirtschaft betrieben wird.

Die Küste gliedert sich in die zwei Teilbereiche Riviera di Ponente westlich von Genua und Riviera di Levante östlich der ligurischen Hauptstadt. Die Westküste senkt sich vergleichsweise flach dem Mee-

Abendstimmung in Sestri Levante

resspiegel entgegen und besitzt abgesehen von der Gegend rund um Finale Ligure kaum steile Felsküsten. Dafür findet man hier lange Sand- und Kiesstrände mit Badetourismus und Uferpromenaden. Die Ostküste bricht hingegen fast senkrecht ins Meer ab. Breite Strände sind hier die absolute Ausnahme. Dafür gibt es wildromantische Felsbuchten und in den Cinque Terre das vielleicht schönste Küstenwandergebiet Italiens.

Die landschaftlichen Vorgaben spiegeln sich in den Lebensgewohnheiten der Bevölkerung wider. Als Nachfahren genuesischer Seefahrer besitzen Liguriens Küstenbewohner eine weltoffene und geschäftstüchtige Mentalität. Ihre Einkommensquellen haben sich freilich verändert: Früher war es der Handel, heute ist es der Tourismus, der mit die wichtigste Lebensgrundlage der dicht besiedelten Küstenstädte darstellt. Infolgedessen wanderten aus dem gebirgigen Hinterland in den vergangenen Jahrzehnten vor allem junge Familien ab, um in der Poebene oder an der Küste eine Erwerbsmöglichkeit zu suchen. Auf den ersten Blick wirken die Bergbewohner ein wenig verschlossener als ihre Landsleute an der Küste. Es kann beispielsweise in einem kleinen Café auch mal etwas länger dauern, bis man bedient wird. Dies darf aber nicht als Unhöflichkeit gedeutet werden. Man ist hier nur nicht so stark auf Touristen eingestellt und nimmt einfach an, dass sich der Gast zum Zeitvertreib in das Lokal setzt, ohne zwingend etwas bestellen zu wollen – so, wie es das halbe Dorf auch täglich macht. Hier kommt eine sympathische Seite der Italiener zum Vorschein. Während ein erwachsener Mann in unserer Gesellschaft schief angeschaut wird, wenn er tagsüber nicht arbeitet, nützt man arbeitslose Zeit in Italien zum gesellschaftlichen Kontakt. Die Boccia-Bahn fehlt daher in fast keinem Dorf.

Einen ganz eigenen Charme besitzen die nahe an Frankreich gelegenen Dörfer. In der Sprache der Einheimischen wechseln sich französische und italienische Ausdrücke ununterbrochen ab. Schwarzer Espresso folgt einem weißen Pastis. Und beide zusammen bilden eine wunderbare Melange aus Savoir-vivre und Bella Italia.

Beste Reisezeit

Große klimatische Gegensätze kennzeichnen den relativ schmalen Küstenstreifen Liguriens. Hierbei spielen die Entfernung vom Meer und die Höhenlage die entscheidende Rolle. Für das milde Klima an der ligurischen Küste ist in erster Linie das Meer verantwortlich: In der kalten Jahreszeit gibt es die im Sommer gespeicherte Wärme ab. In den Hitzemonaten sorgt es hingegen für Kühlung. Das Hinterland mit seinen zur Küste parallel verlaufenden Gebirgsketten hält zudem kalte Nordwinde fern. Dementsprechend bestehen deutliche Unterschiede zwischen dem Küstenklima und der Witterung im Gebirge.

Im Winter liegen die Durchschnittstemperaturen am Meer um die 9 °C, während es in den Hochlagen des Hinterlandes schneit. Am Monte Saccarello und im oberen Aveto-Tal gibt es sogar zwei kleine Skigebiete. Das Frühjahr setzt an der Küste schon im Februar ein, im Gebirge erst Ende März/Anfang April. Dies ist auch die Zeit der meisten Niederschläge, die bis zu vier Wochen anhalten können. Durch die Stauwirkung sind sie in den Bergen intensiver. Der Frühsommer ist für Blumenliebhaber die beste Reisezeit. Anfang bis Mitte Juni stehen im Gebirge Ginster, Alpenrosen, Feuerlilien etc. in voller Pracht, während am Meer Bougainvillea und Rhododendron intensiv leuchten. Auch die Temperaturen sind dann meist noch moderat.

Im Hochsommer ist es für die meist südseitigen Küstenwanderungen in der Regel zu heiß. Zudem sollte man vor allem im August um die dann überlaufenen Küstenorte und insbesondere um die aus allen Nähten platzenden Cinque-Terre-Dörfer einen weiten Bogen machen. Touren am Ligurischen Hauptkamm sind dann eine gute Alternative, wobei man auch hier nicht gerade zur Mittagszeit aufsteigen sollte. Vor allem im Spätsommer können im Gebirge wie an der Küste zudem heftige Gewitter auftreten.

Der Herbst ist überall sehr angenehm. Die Quecksilbersäule pendelt dann um 20 °C. Also sind in den Bergen Mai und Juni sowie September und Oktober die besten Wandermonate, wobei ich dem Frühsommer aufgrund der prachtvollen Vegetation den Vorzug geben würde. An der Küste kann man das ganze Jahr wandern und (wie bei der Recherche zu diesem Buch) noch Anfang November anschließend ins Meer springen.

Flora und Fauna

Die klimatischen Vorgaben werden von der Vegetation nachgezeichnet: Die typische Pflanzengesellschaft der Küste ist die Macchia. Die harten Blätter und Nadeln der Steineichen, Aleppokiefern und Schirmpinien ermöglichen aufgrund ihrer geringen Verdunstung den Pflanzen, auch längere Trockenperioden gut durchzuhalten. Zu den Buschpflanzen

dieser Pflanzengesellschaft gehören Baumheide, Lorbeer, Wacholder und Ginster. Ein weiterer Vertreter ist der Erdbeerbaum, dessen rote Früchte erst im Herbst reifen.

Thymian, Rosmarin, Salbei und Oregano sind für den intensiven Duft der Macchia verantwortlich. Neben der natürlichen Vegetation sind an der Küste zahlreiche subtropische Pflanzen (z. B. Agaven, Palmen, Feigenbaum, Mimosen, Zitrusgewächse) heimisch geworden. Sie können nur nahe der Küste überleben, wo die Temperatur nie unter 0 °C fällt.

Kai-Impression auf Palmaria

Das gebirgige Hinterland besitzt zwei charakteristische Pflanzenstockwerke: Zwischen ca. 800 und 1600 Metern trifft man in Abhängigkeit von der Exposition auf Kiefern- und Eibenbestände (Südseite) bzw. auf Esskastanien- und Buchenwälder (Nord- und Westseite). Ab einer Höhe von 1600 Metern findet man schöne Mischwälder aus Buchen, Feldahorn, Steineichen und Lärchen. Nordseitig sind in dieser Höhe sogar Fichten anzutreffen. Bemerkenswert ist die Blumenpracht der Gebirgswiesen. Von Feuerlilien über Trollblumen, Teufelskrallen, Zistrosen bis hin zu Alpenrosen und Enzian reicht das farbige Spektrum. In Abhängigkeit von der Höhe liegt die Hauptblütezeit zwischen Ende Mai und Mitte Juni.

Während die Küste keine ausgesprochene Faunavielfalt aufweist, bietet das Hinterland seltenen Tierarten Unterschlupf. In den dichten Wäldern tummeln sich Füchse, Wildschweine, Dachse und Marder. Besonders hervorzuheben sind Wolfsbestände, die 1992 vom Ligurischen Apennin aus die ligurischen und französischen Seealpen wieder besiedelten. Ansonsten findet man im Gebirge Eulen, Bergfasane, Bussarde und Habichte und über dem Hauptkamm zieht hier und da der Steinadler seine weiten Kreise.

Unter den Küstenbewohnern verdient die Lacerta ocellata besondere Würdigung. Mit über 60 Zentimetern ist die bei Finale vorkommende Echse das größte Reptil Europas.

Der Olivenbaum und sein Öl

Der immergrüne Ölbaum ist die Charakterpflanze des Mittelmeerraumes und wird fast überall in Ligurien bis auf eine Höhe von etwa 700 Metern angebaut. Aus den zunächst grünen, später dann schwarzblauen Steinfrüchten wird durch kaltes Pressen Olivenöl guter Qualität hergestellt. Die Alternativmethode, das Zentrifugieren des erhitzten Ölbreies, hat eindeutige Geschmackseinbußen zur Folge. Außerdem sollte

In den Gebirgswäldern wachsen an Bächen große Farne.

das Öl aus der ersten Pressung stammen. Man bezeichnet diese als »extra vergine«. Ein weiteres Kriterium ist der Säuregehalt. Erst ab etwa 0,3 Prozent kann man von Spitzenölen sprechen. Das gelbe ligurische Öl schmeckt im Allgemeinen nicht so intensiv, dafür aber feiner als die süditalienische Konkurrenz. Zur Erntezeit zwischen November und Januar spannen die Olivenbauern feinmaschige Netze unter ihre Bäume, mit denen die kleinen Früchte aufgefangen werden.

Geschichte

Wie die benachbarte Provence wurde auch die ligurische Küste sehr früh besiedelt. Um ca. 200 000 v. Chr. fand der Homo erectus in den Balzi-Rossi-Höhlen Unterschlupf und um 40 000 v. Chr. machte es sich der Homo sapiens in den Grotte di Toirano gemütlich. Ab 1000 v. Chr. wurde auch das Hinterland von den ligurischen Urstämmen besiedelt, denen eine keltische Herkunft nachgesagt wird.

Im Jahr 241 v. Chr. begannen die Römer mit dem Bau der Via Aurelia, was sich die Ligurer nicht ohne Weiteres gefallen ließen. Im Zweiten Punischen Krieg (205 v. Chr.) kämpften sie an der Seite Karthagos gegen

Wehrhafte Burgen findet man am Meer wie im Hinterland.

die römischen Eindringlinge. In der Mitte des 200. Jahrhunderts v. Chr. gelang es den Römern schließlich, Ligurien zu unterwerfen, wobei sie das gebirgige Hinterland nicht interessierte. Sie konzentrierten sich auf den als Verbindung zur Provence wichtigen Küstenstreifen und errichteten Militärlager unter anderem in Ventimiglia, Albenga und Luni.

Mit dem Zerfall des römischen Imperiums gelangte Ligurien 537 n. Chr. unter den Einfluss von Byzanz, das seine Herrschaft 100 Jahre später an die einfallenden Langobarden abtreten musste. Ab 930 n. Chr. eroberten die Sarazenen die Küste und plünderten schließlich Genua, von dessen Flotte sie aber im Jahr 1005 n. Chr. wieder aus den tyrrhenischen Gestaden vertrieben wurden. Gegen Ende des 11. Jahrhunderts beteiligte sich Genua an den Kreuzzügen und wurde mächtigste Stadt der Region. In den folgenden zwei Jahrhunderten eroberte Genua Kolonien in Spanien und schlug in zwei Seeschlachten die benachbarten Rivalen Pisa und Venedig.

Ab 1300 verfeindeten sich die wichtigsten genuesischen Adelsfamilien. Zwischen 1350 und 1530 wechselten sich Frankreich, Mailand und Spanien mit der Herrschaft über Genua ab. Zudem verlor die Stadt auch als Handelsplatz an Bedeutung, da durch die Entdeckung Amerikas neue Seewege entstanden. Die große Wende kam durch den Admiral Andrea Doria, der seine Flotte Kaiser Karl dem Großen zur Verfügung stellte und im Gegenzug die Unabhängigkeit Genuas wiedererlangte. Ebenso erfolgreich schlug er 1547 einen Aufstand der verfeindeten Fieschi-Familie nieder.

Zu Beginn des 19. Jahrhunderts drangen Napoleons Truppen zur Küste vor. Die »Ligurische Republik« wurde zunächst Frankreich und dann durch den Wiener Kongress (1815) dem Königreich Piemont-Savoyen zugeschlagen. In der Mitte des 19. Jahrhunderts entwickelte sich langsam der Tourismus an der italienischen Riviera. Vor allem russische, englische und deutsche Adelige verbrachten die Wintermonate im milden Küstenklima rund um San Remo.

1861 fand die wechselhafte Herrschaftsgeschichte endlich ein Ende: Ligurien wurde Teil des neuen Königreiches Italien. Genua und La Spezia entwickelten sich zu dessen wichtigsten Hafen- und Industriestädten. Durch den Bau der Eisenbahn entlang der ligurischen Küste (1872–1874) erlangten die Küstenstädte enormen industriellen und touristischen Aufschwung. Die bis dahin abgelegene Region Cinque Terre wurde vom Fremdenverkehr entdeckt. 1922 kamen Mussolinis Faschisten an die Macht. Im Zweiten Weltkrieg leisteten gerade ligurische Partisanen Hitlers Truppen erbitterten Widerstand. 1946 schließlich wurde Italien Republik, der Fremdenverkehr löste die Schifffahrt als wichtigsten Wirtschaftsfaktor ab.

Gaumenschmaus

Die ligurische Küche unterscheidet sich nicht wesentlich von der italienischen, ist aber vor allem im Hinterland einfacher als beispielsweise in benachbarten Regionen wie dem Piemont oder der Emilia-Romagna. Ligurien gilt als Heimat zweier Gerichte, die auch außerhalb des italienischen Stiefels große Bekanntheit erlangten. Die Sauce der trenette al pesto (Bandnudeln mit Pestosauce) wird in einem Mörser aus einer Masse von gestoßenen Pinienkernen, Basilikum, Parmesankäse, Olivenöl und Knoblauch hergestellt. Und die ravioli (gefüllte Teigtaschen) wurden angeblich in einem Bergdorf in der Nähe von Torriglia erfunden. Eine der raffiniertesten Varianten hiervon sind die pansotti con salsa di noci (mit Kräuterquark gefüllte Ravioli in Nusssauce).

Neben diesen beiden kulinarischen Exportschlagern gibt es eine Vielzahl lokaler Spezialitäten. Liebhaber guter Salami beispielsweise fahren nach Campo Ligure wegen der dortigen testa in cassetta. Dazu gibt es

Guten Käse findet man in jedem etwas größeren Ort ...

farinata (Fladen aus Kichererbsenmehl) und als Nachtisch bazurra (eine Mischung aus Kastanien, Milch und Mehl). Ravioli di ortiche sind wiederum eine Spezialität aus Imperia, das außerdem wegen der zingora (Trüffel-Hackfleisch) bekannt ist. In der Küstenstadt Recco wird die angeblich beste focaccia (Hefeteigfladen) mit Käse hergestellt. Ihr zu Ehren gibt es hier sogar ein eigenes Fest.

Das Gebirge ist bekannt für seine guten Backwaren: In Triora findet man das pane di Triora, ein gut haltbares, würziges Fladenbrot. Torriglia wiederum

... wie in der Focaccia d'Autore in Sestri Leante.

preist seine leckeren Mürbeteigkekse namens canestrelli. Sie zergehen auf der Zunge. Wer Ende August, Anfang September Ligurien bereist, kommt genau richtig zur Pilzsaison. In den Buchenwäldern des Ligurischen Hauptkammes wachsen unzählig viele porcini (Steinpilze). Die besten Gebiete sind die Gebirge am Monte Antola und das Aveto-Tal. In und um Santo Stefano d'Aveto bieten Trattorien Steinpilzgerichte in allen erdenklichen Variationen an.

Fischrestaurants konzentrieren sich naturgemäß an der Küste. Die Ware stammt allerdings zumeist nicht aus den überfischten heimischen Gewässern, sondern aus anderen Regionen des Mittelmeeres. Lokale Fischgerichte sind eingelegte acciughe (Sardellen) und in Olivenöl gebratene bianchetti (Sardinen). Lecker sind außerdem orata (Goldbrasse) und branzino (Seebarsch).

Von den Nachspeisen der Region ist pandolce genovese (Hefekuchen mit Rosinen) am bekanntesten. Das »süße Brot« fehlt zu Weihnachten und Ostern auf keinem ligurischen Festtagstisch. In den Cinque Terre

Die Strände Liguriens bestehen meist aus kleinen Kieselsteinen.

sollte man torta di noci (Nusstorte) und castagnaccio (Kastanienkuchen) probieren.

In Hinblick auf die ligurischen Weine existiert eine deutliche Ost-West-Differenzierung: An der Riviera di Ponente werden die roten Sorten Rossese, Dolcetto und Barbera angebaut, die aber mit der Konkurrenz in der benachbarten Provence nicht mithalten können. Demgegenüber werden die Weißweine der Cinque Terre auch außerhalb Italiens gerühmt. Die besten Lagen sind Costa da' Posa, Costa de Campu und Costa de Sèra. Eine empfehlenswerte Einkaufsmöglichkeit ist die Weinkooperative im Dorf Groppo oberhalb von Manarola.

Wander-Gegebenheiten

Bergwanderungen in Ligurien stellen zum Teil höhere Anforderungen an Kondition und Orientierungssinn als Touren in unseren Mittelgebirgen oder in den Alpen. Während die Wege in Küstennähe in der Regel sehr gut gekennzeichnet sind, sind die Markierungen im Hinterland spärlicher und manchmal ziemlich verblichen. Andererseits haben einige Fremdenverkehrsämter – wie im Naturpark Aveto – die Bedeutung des Wandertourismus erkannt und die Wege deutlich besser markiert als vor etwa 20 Jahren.

Außerdem ist beim Wandern das wärmere Klima zu berücksichtigen. So kann es schon Anfang Mai mittags brütend heiß werden. Dementsprechend sind Frühjahr und Herbst die besten Wanderzeiten. Wer nur im Hochsommer reisen kann, sollte sich schattige Halbtageswanderungen mit geringem Höhenunterschied aussuchen und möglichst früh aufbrechen. Wanderungen an der Küste haben den Vorteil, dass man nach der Tour ins Meer springen kann. Aber auch einige in diesem Buch vorgeschlagene Touren im Hinterland weisen Bademöglichkeiten auf.

An der Küste kann man das ganze Jahr über wandern, was gerade während der Mimosenblüte im Januar/Februar sehr reizvoll sein kann. Wer Bergeinsamkeit sucht, ist in den Ligurischen Alpen bzw. im Apennin bestens aufgehoben. Bei den meisten Touren im Hinterland zog ich selbst in der Ferienzeit mutterseelenallein durchs Gebirge. Demgegenüber sind viele Ziele in den Cinque Terre zur Hochsaison überlaufen. Gute Trittsicherheit ist bei einigen Touren nötig, beispielsweise bei den Kalkfelsen rund um Finale oder den Konglomerattürmen der Rocche del Reopasso, worauf bei den jeweiligen Tourenbeschreibungen nochmals hingewiesen wird.

Hinsichtlich der Ausrüstung erfordern die oft steinigen Pfade festes Schuhwerk, das bei heißen Temperaturen nicht zu warm sein sollte. Auf den Gipfeln des Hinterlandes wird man selbst im Frühsommer noch über einen winddichten Anorak dankbar sein, während am Meer ein leichter Regenüberzug vollkommen ausreicht. Hier wie dort ist effektiver Sonnenschutz wichtig. Außerdem sollte man ausreichend Trinkwasser mitnehmen, da kleinere Gebirgsbäche schon ab Ende Mai kein Wasser mehr mit sich führen.

Hauswurz-Arten kommen auch mit Hitze gut zurecht.

REISE TOP 10

1 CINQUE TERRE
Die wunderschönen Dörfer an der wild-romantischen Küste sind ein Muss jedes Ligurien-Urlaubs. Tour 6

2 GENUA
Die oft verkannte Metropole hat erstaunlich abwechslungsreiche Sehenswürdigkeiten zu bieten. Tour 34

3 AVETO NATURPARK
Rund um einen grüner Talkessel liegen beeindruckende Gipfel, die selbst zur Hochsaison nicht überlaufen sind. Touren 14–16

4 CAMOGLI
Diese besondere Küstenstadt an der Riviera di Levante liegt genau am Westrand des tollen Naturparks Monte Portofino. Tour 26

5 TRIORA
Das verwunschene Bergdorf ist ein guter Stützpunkt für Wanderungen am italienisch-französischem Grenzkamm. Tour 52

6 CERVO

Die vielleicht schönste Altstadt an der Riviera di Ponente kann man mit einer netten Rundwanderung verbinden. Tour 48

7 MONTE SACCARELLO

Der höchste Gipfel Liguriens (2200 m) bietet eine besonders schöne, ausgedehnte Bergtour. Tour 53

8 PORTOVENERE

Der »Hafen der Venus« ist DAS Küstenjuwel am Golf von La Spezia und östlicher Ausgangspunkt für Touren in die Cinque Terre. Tour 5

9 MONTE DI PORTOFINO

Der beeindruckende Naturpark bietet tolle Wandermöglichkeiten und vielen bedrohten Tier-und Pflanzenarten Schutz. Tour 24

10 APICALE

Das farbenfrohe Künstlerdorf im Westen Liguriens muss man auf dem Weg ins Gebirge unbedingt besuchen. Tour 55

WICHTIGE ADRESSEN UND INTERNETSEITEN

ANREISE & VERKEHR

www.autostrade.it
Aktueller Straßenzustand und Mautrechner (auch auf Englisch)

www.trenitalia.com (auch auf Deutsch),
www.bahn.de
Aktuelle Informationen für Bahnreisende

Schifffahrtslinie Golfo Paradiso, Via Piero Schiaffino 14/5, 16032 Camogli, Tel. +39 185 772091, www.golfoparadiso.it (auch auf Englisch)
Informationen zu den drei Linien, die alle wichtigen Orte zwischen Genua und Potovenere anfahren.

NOTRUFNUMMERN

112 Polizei (Carabinieri; Gendamerie)

113 Polizei (Polizia di Stato; in Städten Verkehrspolizei)

115 Feuerwehr (Vigili del Fuoco)

803116 Pannendienst ACI Global S.p.A.

INFORMATIONSSTELLEN

Parco Nazionale delle Cinque Terre, Via Discovolo snc, c/o Stazione Manarola, 19017 Riomaggiore, Tel. +39 187 762600, www.parconazionale5terre.it
Alle Informationen zu Wanderwegen, Kulturlandschaft und Cinque Terre Card. Infostellen an allen Zughaltestellen

Porto Antico di Genova S.P.A., Calata Molo Vecchio 15, 16128 Genova, Tel. +39 10 2485711,
www.portoantico.it (auch auf Englisch)
Zentrale Touristeninformation direkt am alten Hafen

Parco Regionale Naturale dell'Antola, La Torriglietta, Via N.S. Provvidenza 3, 16029 Torriglia, Tel. +39 10 944175, www.parcoantola.it
Auch deutschsprachige Webseite mit vielen Informationen zum Naturpark Antola

Parco Naturale Regionale dell'Aveto, Via Marrè 75 a, 16041 Borzo-
nasca, Tel. +39 185 340311, www.parcoaveto.it
Auch deutschsprachige Webseite mit vielen Informationen zum
Naturpark

Touristeninformationen Region Finale
http://turismo.comunefinaleligure.it
Zentrale Touristinfo-Seite mit Verkehrsämtern in Finalborgo, Finalmarina und Varigotti

Alta Via dei Monti Liguri
www.cailiguria.it/AVML/portale/it/homepage.html
Alle Informationen zu den 44 Etappen des mehr als 400 Kilometer
langen Ligurischen Höhenwegs

WETTERBERICHT

www.ilmeteo.it/Liguria
Gute Wetterseite mit Lokalsuche (italienisch)

www.arpal.gov.it/homepage/meteo.html?view=default
Offizielle Meteo-Seite der Region Ligurien (italienisch)

UNTERKÜNFTE

https://de.hostelbookers.com/hostels/italien/gegend/ligurien
Zusammenstellung günstiger Hostels in Ligurien

www.camping.it/de/ligurien
Zusammenstellung der ligurischen
Campingplätze

**www.agriturismo.it/it/agriturismi/
liguria**
Gemeinschaftsseite landwirtschaft-
licher Betriebe, die Ferien auf dem
Bauernhof anbieten (auch auf Deutsch)

www.cailiguria.it/i-nostri-rifugi
Website mit allen ligurischen Berghüt-
ten des italienischen Alpenvereins

www.loveliguria.eu
Zusammenstellung schön reno-
vierter und dennoch bezahlbarer
Ferienwohnungen und -häuser
(deutsch)

Für Blumenliebhaber sind Mai
und Juni die beste Wanderzeit.

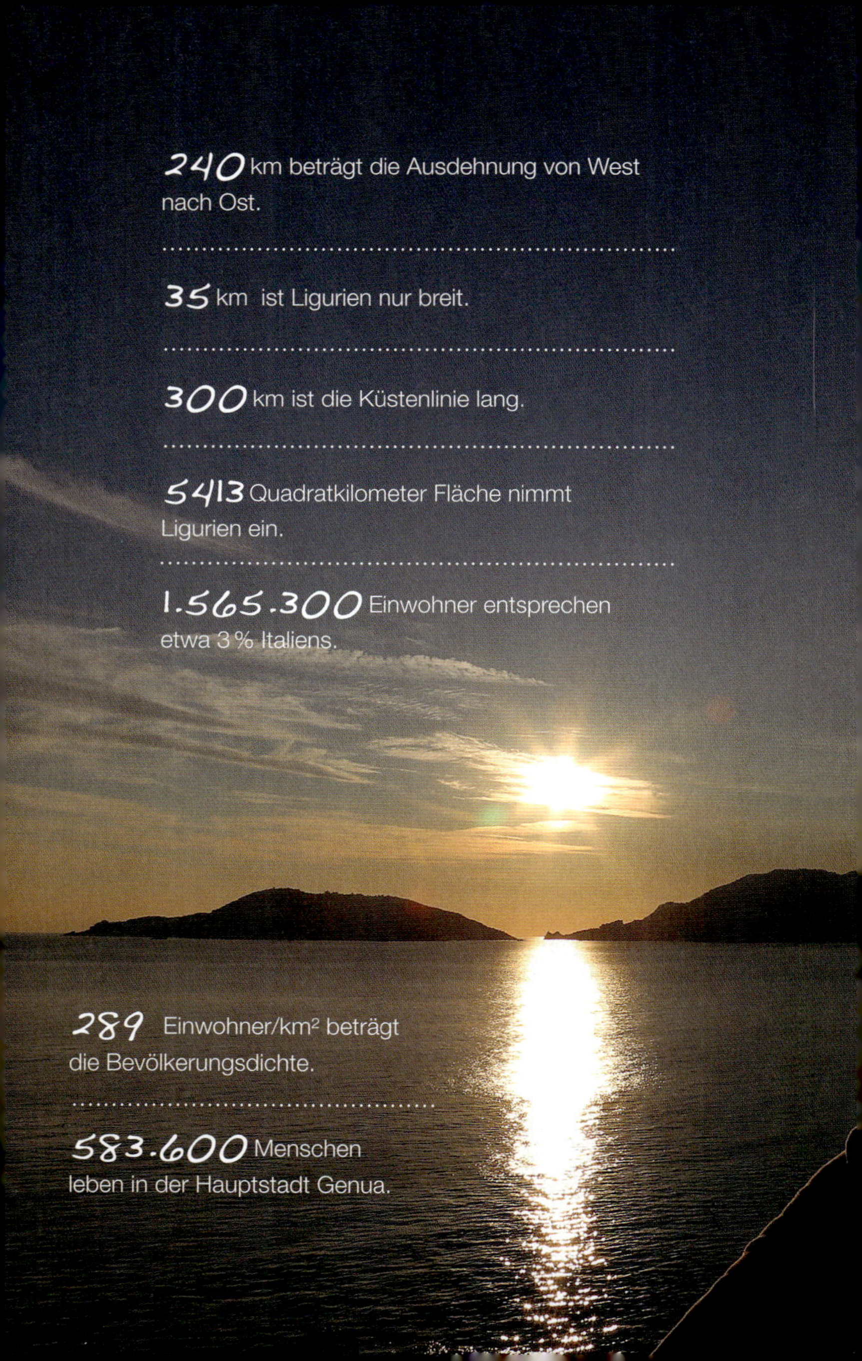

240 km beträgt die Ausdehnung von West nach Ost.

....

35 km ist Ligurien nur breit.

....

300 km ist die Küstenlinie lang.

....

5413 Quadratkilometer Fläche nimmt Ligurien ein.

....

1.565.300 Einwohner entsprechen etwa 3 % Italiens.

289 Einwohner/km² beträgt die Bevölkerungsdichte.

....

583.600 Menschen leben in der Hauptstadt Genua.

LIGURIEN

in Zahlen

62 % Gebirge,
35 % Hügelland und nur
3 % Ebenen ergeben eine hohe Reliefenergie.

....

2201 m in den Himmel ragt der
höchste Gipfel Monte Saccarello.

....

4 Provinzen (Imperia, Savona, Genua, La Spezia)
bilden gemeinsam Ligurien.

Abendstimmung bei der Überfahrt
Palmaria – Portovenere

FREIZEIT-TIPPS NICHT NUR FÜR FAMILIEN

GENUA: ACQUARIO DI GENOVA

Im weltberühmten und sehenswerten Aquarium im Alten Hafen leben etwa 6000 Tierarten aus Meer und Küstenbereich. Von den Einnahmen wird viel in den Wissenschafts- und Tierschutzbereich investiert, der als beispielhaft gilt.
Alle Infos: www.acquariodigenova.it (auch auf Deutsch)

CERIALE: ERLEBNISPARK LE CARAVELLE

Mit sogenannten Karavellen entdeckte Christoph Kolumbus einst Amerika. Im Erlebnispark sollen seine Reise und die damalige Zeit wieder lebendig werden. Darüber hinaus gibt es zahlreiche Wasserrutschen und diverse Schwimmbecken.
Alle Infos: www.lecaravelle.com

ACQUASANTA: MUSEO CARTA MELE

Das interessante Museum befindet sich in der ehemaligen Papierfabrik Sbaraggia aus dem Jahr 1756. Es zeigt in ursprünglicher Umgebung alte Maschinen und Werkzeuge, um die Erinnerung an das alte Handwerk wachzuhalten.
Alle Infos: www.museocartamele.it

»Riesen-Agave« am Ortsrand vom Corniglia

TOIRANO: GROTTE DI TOIRANO

Auf der Führung durch die Höhlen kommt man an vielfältigen Gesteinsformen vorbei wie terrassenförmige Sinterbassins und aufeinander zuwachsende Stalaktiten und Stalagmiten. Man passiert geheimnisvolle Höhlenseen und glitzernde Kristallbildungen aus Calcit. Beeindruckend sind zudem durch Kieselsäure ausgehärtete, etwa 12 000 Jahre alte Fußabdrücke von Neandertalern. Die Höhlen wurden auch als Begräbnisstätten der Römer genutzt.
Alle Infos: www.toiranogrotte.it (auch auf Englisch)

»Nachwuchs-Angler« am Golf von La Spezia

CERVO: MUSEO ETNOGRAFICO DEL PONENTE LIGURE

In den Räumen der Burg hat der passionierte Heimatforscher Franco Ferrero Werkzeuge, Gerätschaften, Kinderspielzeug und Haushaltsgeräte zusammengetragen, die das frühere Handwerker- und Bauernleben sehr schön veranschaulichen. Ferrero baute zu diesem Zweck lebensgroße Puppen, die die Tätigkeiten vorführen.
Infos unter: www.cervo.com

LAVAGNA: MINIERA DI GAMBATESA

Auf alten Bergwerk-Loren fährt man in den Berg und durch das weitläufige Stollennetz dieser im 20. Jahrhundert größten Mangan-Mine Italiens. Mit Mangan verfeinert man Stahl und man braucht es zur Herstellung von Elektroden.
Alle Infos: http://minieradigambatesa.com (auch auf Englisch)

LERICI: PALÄONTOLOGISCHES MUSEUM

In der restaurierten Burg von Lerici am Golf von La Spezia kann man im Museo geopaleontologico di Lerici uralte Fossilienabdrücke und neue Dinosaurierimitationen bestaunen. Nicht nur für Kinder besonders aufregend ist die Erdbebensimulationsplatte, die einen so richtig durchzittern lässt.
Infos unter: www.museionline.info (auch auf Deutsch)

Die Steinbögen an der Kirche von Portovenere bieten eine phantastischen Blick
auf die Steilküste der Riviera die Levante.

RIVIERA DI LEVANTE OST

RIVIERA DI LEVANTE OST
Von La Spezia über die Cinque Terre bis Levanto

Der Osten des ligurischen Küstenbogens besitzt mit den einzigartigen Cinque Terre das mit großem Abstand beliebteste Urlaubsziel zwischen La Spezia und der französischen Grenze. Es wäre aber ein großer Fehler, nur den fünf berühmten Dörfern einen Besuch abzustatten.

Schließlich ist bereits der östlich gelegene Golfo dei Poeti eine Reise wert. Eingerahmt vom Naturpark Montemarcello im Osten und von den Ausläufern der Riviera di Levante im Westen, bietet die große Bucht von La Spezia einige sehr schöne Wander- und Ausflugsziele.

Per Schiff über den Golfo dei Poeti

Bei einer sehr abwechslungsreichen Rundwanderung im Naturpark Montemarcello hat man tolle Ausblicke auf den toskanischen Apennin, wo bereits von der Ferne gigantische weiße Marmorsteinbrüche in der Sonne glänzen.

Von La Spezia aus ist es wiederum besonders schön, nach einem Einkaufsbummel auf dem farbenprächtigen Markt gleich von der Uferpromenade aus per Schiff zum Kleinod Portovenere zu fahren, das an den östlichsten Ausläufern der Cinque Terre liegt. Nach einem kurzen Altstadtrundgang im »Hafen der Venus«, wie der Ortsname übersetzt heißt, kann man dann noch zur Inselwanderung auf Palmaria übersetzen und dies ideal mit Baden verbinden.

Eine günstige Reisezeit sind hierfür der Frühsommer und der Herbst, da die touristischen Highlights der Riviera di Levante im Hochsommer stark frequentiert sind. Das gilt insbesondere für die sich westlich anschließenden Cinque Terre.

Fünf besondere Dörfer

An einer gewaltigen Steilküste gelegen – der knapp 800 Meter hohe Monte Capri ist nur zwei Kilometer Luftlinie vom Meer entfernt –, sind die fünf Dörfer Riomaggiore, Manarola, Corniglia, Vernazza und Monterosso al Mare der Inbegriff italienischer Altstadtromantik in, dank

Blick bei der Anreise nach Portovenere

der gebirgigen Topografie, weitgehend unverbauter Natur. Da alle fünf Dörfer an der einzigartigen Bahnstrecke von Genua nach La Spezia liegen, ist der Zug die beste Anfahrtsmöglichkeit. Wer hingegen genauso kurvige wie aussichtsreiche Bergstraßen liebt, kann die Dörfer auch per Auto erreichen, sollte das wegen der wenigen Parkplätze aber keinesfalls in der Hochsaison tun.

Zum Wandern ist die zweite Oktoberhälfte ohnehin die schönste und farbenprächtigste Jahreszeit, weil die Weinberge dann gelb und orange leuchten und man nach den Touren durchaus noch ins Meer hüpfen kann. Sogar im Hochwinter sind die »Fünf Dörfer« ein gutes Reiseziel und dann weitgehend von Touristen frei. Denn die Durchschnittstemperaturen liegen selbst im Februar bei 10 °C, und das bei durchschnittlich 22 regenfreien Tagen.

Wer nach einer Cinque-Terre-Durchquerung übrigens so richtig auf den Geschmack gekommen ist, sollte unbedingt entlang der Costa del Semaforo noch weiter nach Levanto wandern.

Abendstimmung am
Naturhafen von Manarola

ENTDECKERREISE
... von La Spezia nach Levanto

Auch für eingefleischte Autofahrer ist es eine gute Idee, die tolle Ostküste Liguriens mit der Bahn zu besuchen. Denn fast alle Küstenorte sind hervorragend an die Linie Genua–La Spezia angeschlossen.

Am besten erkundet man den östlichsten Teil der Riviera di Levante mit dem Tagesgang der Sonne, also von Ost nach West, und allein hier bieten sich genügend Tourenmöglichkeiten und Ausflugsziele für eine ausgefüllte Ferienwoche.

Nachdem man von La Spezia aus vielleicht eine empfehlenswerte Wanderung im Naturpark Montemarcello unternommen hat, ist es ein wunderbares Erlebnis, per Schiff nach Portovenere zu fahren (einer der wenigen Küstenorte, der keinen Bahnhof besitzt), wo die Rundwanderung auf der vorgelagerten Insel Palmaria ein absolutes Highlight ist.

Zu Fuß in die Cinque Terre

Nach einer Übernachtung im »Hafen der Venus« geht es am nächsten Tag über eine genauso schöne wie ausgedehnte Wald- und Küstenwanderung nach Riomaggiore und somit zum östlichsten Ort der Cinque Terre.

Der früher sehr beliebte Wanderweg »Via dell'Amore« zum Nachbarort Manarola und weiter nach Corniglia war nach großen Murenabgängen und Hangrutschungen im Jahr 2011 auch im Sommer 2017 noch nicht wiedereröffnet. Das ist aber nicht weiter tragisch. Man fährt einfach mit dem halbstündlich verkehrenden Zug zwei Stationen weiter nach Corniglia, das sowohl Ausgangspunkt für eine besonders schöne Bergwanderung über Volastra nach Manarola als auch für den Weiterweg entlang der Küste nach Monterosso al Mare ist.

Gedenk-Kerzen in der kleinen Kirche von Volastra

Die meisten Wege sind auch gut für Familien geeignet.

Alle Cinque-Terre-Orte kann man bestens per Bahn erreichen.

Manarola

Von Volastra hat man einen tollen Blick nach Corniglia.

Auf dem Weg dorthin liegt das bei Touristen besonders beliebte Vernazza, wo man zusätzlich eine vergleichsweise einsame Rundtour zum Bergdorf San Bernardino unter die Füße unternehmen kann.

Zum Abschluss dieser mehrtägigen Küsten-Ferienwoche ist der Weiterweg von Monterosso nach Levanto besonders zu empfehlen, weil man unterwegs einen besonders schönen Rückblick auf die Steilküste der Cinque Terre hat.

Schwindelerregende Küstenstraße

Man kann den Osten der Riviera di Levante natürlich auch mit dem eigenen Kfz bereisen. Kurz vor Portovenere zweigt eine kurven- wie auch aussichtsreiche Küstenstraße dorthin ab, welche zum größten Teil etwa 400 Höhenmeter oberhalb der fünf Orte verläuft. Steile Stichstraßen führen dann hinunter zu den jeweiligen Dörfern, wobei man allerdings nur in der Vor- oder Nachsaison gute Chancen auf einen der gebührenpflichtigen Parkplätze hat.

Zum Schluss noch ein Tipp für Wohnmobilfahrer: Sowohl in Portovenere als auch bei Riomaggiore gibt es günstige öffentliche Stellplätze, wobei auch hier die hohe Frequentierung im Hochsommer zu berücksichtigen ist. Zusätzlich gibt es entlang der Strecke immer wieder Parkbuchten mit grandioser Aussicht, wo man in der Regel problemlos für eine Nacht mit dem Wohnmobil stehen kann.

Die beste Zeit hierfür ist freilich nicht die Hochsaison. Egal ob mit dem Auto oder mit der Bahn ... die erste Entdeckertour dieses Buches sollte man am besten im Frühjahr, Frühsommer oder im Herbst unternehmen. Selbst Ende Oktober ist es oft noch möglich, nach dem Wandern ins Meer zu springen.

WICHTIGE ADRESSEN

INFORMATIONSSTELLEN

Schifffahrtslinie Golfo Paradiso, Via Piero Schiaffino 14/5, 16032 Camogli, Tel. +39 185 772091, www.golfoparadiso.it
Auf drei Linien werden alle wichtigen Orte zwischen Genua und Portovenere angefahren (Touren 6–12).

Parco Nazionale delle Cinque Terre, Via Discovolo snc, c/o Stazione Manarola, 19017 Riomaggiore, Tel. +39 187 762600, www.parconazionale5terre.it
Alle Informationen zu Wanderwegen, Kulturlandschaft und Cinque Terre Card. Infostellen an allen Zughaltestellen (Touren 6–12)

MUSEEN

Museo Civico Formentini, Via Curtatone 9, 19122 La Spezia, Tel. +39 187 751142
Archäologisches Museum mit Exponaten aus der Bronze- und Eisenzeit (Tour 3)

Museo Tecnico Navale, Eingang: Piazza Chiodo, 19121 La Spezia, Tel. +39 187 784763, www.marina.difesa.it
Schifffahrtsmuseum mit Modellen von der Antike bis zur Neuzeit (Tour 3)

Museo Amedeo Lia, Via del Prione 234, 19124 La Spezia, Tel. +39 187 731100, http://museolia.spezianet.it
Sehenswerte Gemäldesammlung mit Werken von Tizian bis Tintoretto (Tour 3)

ESSEN & TRINKEN

Fugassa & Binei, Via della Mura 7, 19031 Montemarcello, Tel. +39 340 5818037, www.fugassaebinei.com
Einfaches, aber gutes Restaurant mit schöner Panoramaterrasse, Spezialität u. a. frittierte Sardellen (Tour 1)

Siamo Fritti, Largo Guglielmo Marconi 11, 19032 Lerici, Tel. +39 328 5364603
Bietet günstig frittierten Fisch und Meeresfrüchte unweit des Hafens (Tour 2)

La Creuza de Mauri, Via Mecconi 14, 19032 San Terenzo, Tel. +39 187 1953520

Alle Cinque-Terre-Dörfer, wie hier Manarola, besitzen Informationsstellen.

Gemütliches Fischlokal im mittelpreisigen Bereich
(Tour 2)

Trattoria all'Inferno, Via Lorenzo Costa 3, 19121 La Spezia,
Tel. +39 187 29458
Urige Trattoria in den Kellern eines Altstadthauses (Tour 3)

La Pia, Via Magenta 12, 19121 La Spezia, Tel. +39 187 739999

Beliebtes Pizza-Lokal mit wurst- oder käsegefüllten Focacce
(Tour 3)

Locanda Lorena, Via Cavour, 4 19025 Portovenere, Isola
Palmaria,Tel. +39 187 792370, www.locandalorena.com
Mit Blick auf das Meer und Portovenere kann man hier u. a. hervorragend Muscheln essen, allerdings ist das Restaurant nicht ganz
günstig (Tour 4).

La Lucciola, Via Olivo, 101, 19025 Portovenere, Tel. +39 187 790 145
Unscheinbares Lokal an der Hafenpromenade mit guter ligurischer
Küche und nettem Chef (Touren 4 und 5)

Il Pescato Cucinato, Via Cristoforo Colombo 199, 19017 Riomaggiore, Tel. +39 339 2624815
Sehr gute frittierte Meeresfrüchte in allen Variationen (Touren 6 und 7)

Am Mittelmeer kommt man um »Muschel-Kitsch« nicht herum.

Azienda Walter De Battè, Via Pecunia 168, 19017 Riomaggiore,
Tel. +39 348 6100365, www.primaterra.it
Sehr guter Wein direkt vom Erzeuger (Touren 6 und 7)

Gli Ulivi, Via Nostra Signora della Salute 114, 19017 Volastra,
Tel. +39 187 1858082
Auch bei Einheimischen beliebte Trattoria mit guter Küche (Tour 8)

A Cantina da Mananan, Via Fieschi 117, 19018 Corniglia,
Tel. +39 187 821166
Kleine, gemütliche Osteria an der zentralen Ortsgasse (Tour 9)

Trattoria dal Billy, Via A. Rollandi 122, 19017 Manarola,
Tel. +39 187 920628
Sympathische Trattoria mit toller Aussichtsterrasse (Tour 9)

Cantina Cinque Terre, 19010 Groppo, Tel. +39 187 920435,
www.cantinacinqueterre.com
Idealer Platz zur Weinverkostung oberhalb von Manarola bei der
Cooperativa Agricoltura Cinque Terre (Tour 9)

Gianni Franzi, Piazza Guglielmo Marconi 1, 19018 Vernazza,
Tel. +39 187 812228, www.giannifranzi.it
Beliebtes Lokal mit sehr schönem Blick (Tour 11)

Il Massimo della Focaccia, Via Fegina, 50, 19016 Monterosso al
Mare, Tel. +39 333 3889399
Günstige und sehr gute Foccace gegenüber der Bahnstation
(Tour 11)

Nuova Pizzeria Bruna, Piazza Staglieno 42, 19015 Levanto,
Tel. +39 187 807796
Wirklich gute und zugleich günstige Pizzen (Tour 13)

ÜBERNACHTUNG

Hotel Firenze e Continentale, Via Paleocapa 7, 19122 La Spezia,
Tel. +39 187 713210, www.hotelfirenzecontinentale.it
Das Hotel in einem renovierten Stadthaus wird wegen der schönen
Ausstattung, der zentralen Lage und wegen der netten Mitarbeiter
gelobt (Touren 1–3).

Atmosfere Guest House I und II, Via Roma 37 und Via di Mo-
nale 75, 19121 La Spezia, Tel. +39 345 0632193,
www.affittacamereatmosfere.it
Günstiges Guesthouse mit zwei Dependancen im Stadtzentrum
(Touren 1–3)

Hostel Portovenere, Via del Comune 1, 19025 Portovenere,
Tel. +39 187 792606, www.hostel5terre.com/portovenere.html
Günstige Übernachtungsmöglichkeit ohne Altersbeschränkung, ein
Jugendherbergsausweis ist nicht nötig (Touren 4 und 5).

Cà d'Andrean, Via Discovolo 101, 19017 Manarola,
Tel. +39 187 920040, www.cadandrean.it
Zehn helle Zimmer in einer restaurierten Ölmühle in Manarola
(Tour 8)

Hostel Cinque Terre, Via Riccobaldi, 21, 19017 Manarola,
Tel +39 187 920039, www.hostel5terre.com/manarola.html
Günstige Übernachtungsmöglichkeit, nett gelegen im oberen Teil
Manarolas (Tour 9)

La Colonnina, Via Zuecca 6, 19016 Monterosso al Mare,
Tel. +39 187 817439, www.lacolonninacinqueterre.it
Im alten Kern von Monterosso mit einem netten kleinen Garten und
gutem Frühstück (Tour 11)

1 IM NATURPARK MONTEMARCELLO

Schöne Einstiegsrunde am Ostende Liguriens

Die nicht zu anspruchsvolle Rundwanderung nach Montemarcello ist eine gute Alternative, wenn man am Wochenende
wandern will. Die Wege sind weit weniger frequentiert als z.B.
in den Cinque Terre und eine schöne Badebucht liegt außerdem am Wegesrand.

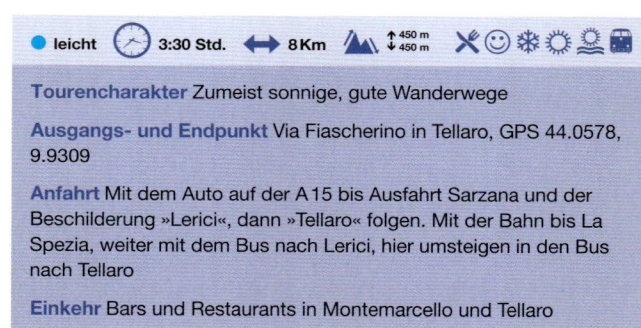

Tourencharakter Zumeist sonnige, gute Wanderwege

Ausgangs- und Endpunkt Via Fiascherino in Tellaro, GPS 44.0578,
9.9309

Anfahrt Mit dem Auto auf der A15 bis Ausfahrt Sarzana und der
Beschilderung »Lerici«, dann »Tellaro« folgen. Mit der Bahn bis La
Spezia, weiter mit dem Bus nach Lerici, hier umsteigen in den Bus
nach Tellaro

Einkehr Bars und Restaurants in Montemarcello und Tellaro

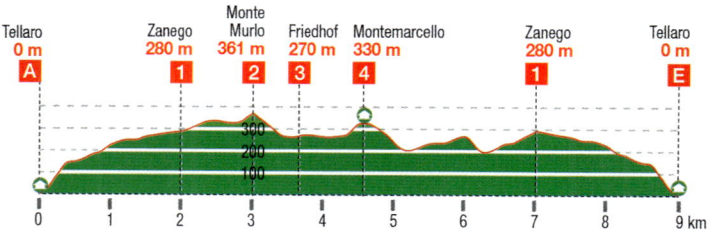

Der Wegverlauf

Wir parken vor dem Ort und folgen der Hauptstraße zum netten Hauptplatz von **Tellaro** A. Schon jetzt können wir uns darauf freuen, nach
der Tour in einem der einladenden Cafés einzukehren. Am Ende des
Platzes gehen wir links in die Via Matteotti. Der Weg führt zunächst
leicht, dann steiler ansteigend aus dem Ort heraus und wird zu einem
alten Natursteinweg. Nach etwa zehn Minuten kommen wir an eine
Gabelung.

Tellaro ist ein farbenprächtiger Ausgangspunkt.

Viele Wege sind von schönen Trockenmauern eingerahmt.

Der rechts abzweigende Küstenweg ist wegen Rutschungen gesperrt. Wir gehen also weiter geradeaus bergan.

Bald darauf stoßen wir auf einen flachen Querweg. Hier schwenken wir nach rechts und haben schöne Ausblicke auf Tellaro und den Golf von La Spezia. Dahinter ragt das grüne Küstengebirge der Cinque Terre aus dem Meer, wohin uns die nächsten Wanderungen führen werden. Der Weg verläuft zunächst flach, dann wieder ansteigend und schließlich erneut flach und wir stoßen auf eine Straße bei der kleinen Ortschaft **Zanego** 1 (0:45 Std.). Bei dem direkt gegenüberstehenden Naturpark-Schild folgen wir dem Weg Nr. 3 in Richtung Montemarcello, kurz danach halten wir uns an der Gabelung geradeaus auf dem Weg Nr. 1.

Wir lassen die letzten Häuser hinter uns und wandern im Wald weiter. Die Düfte der Mittelmeerflora bezaubern. Sanft ansteigend erreichen wir den **Monte Murlo** 2 (1:15 Std.). Mit immerhin 361 Metern über dem Meeresspiegel ist er der höchste Punkt unserer Tour. Von hier aus haben wir eine tolle Aussicht auf die Apuanischen Alpen.

Naturschutz an der italienischen Riviera

Der Naturpark Montemarcello-Magra (Parco Naturale Regionale di Montemarcello-Magra) ist ein Naturschutzgebiet, das zur Provinz La Spezia gehört. Zu seinem Territorium zählen der Vorgebirgszug des Montemarcello, der untere Flusslauf der Magra und der untere wie auch der mittlere Lauf des Flusses Vara. Der Naturpark mit einer Fläche von 4320,8 Hektar wurde 1995 eingerichtet und schließt 22 Gemeinden mit ein (alle Infos auch auf Englisch unter http://parco.parcomagra.it).

Weiter nach Montemarcello

Am Gipfel des Monte Murlo befindet sich ein botanischer Garten des Naturparks Montemarcello-Magra, der an Wochenenden und Feiertagen von Mai bis Juni nachmittags geöffnet ist. Von hier aus folgen wir kurz dem Fahrweg, um diesen bald nach links in einen Fußweg zu verlassen. Es geht nun bergab, bis wir auf eine Straße treffen. Diese überqueren wir und wandern, der Beschilderung folgend, hinter dem **Friedhof** **3** (1:45 Std.) zuerst links und dann rechts bergan.

Wir stoßen zuletzt auf eine Straße und erreichen auf dieser **Montemarcello** **4** (2:00 Std.), das wir durch einen Torbogen betreten. Direkt vor der Kirche gehen wir nach rechts. Immer der rot-weißen Markierung folgend, überqueren wir zweimal eine Autostraße. Dann geht es bei Olivenbäumen auf einem schönen Wanderweg weiter. Bei einer nicht markierten Gabelung nach einem Grundstück halten wir uns geradeaus und bei der nächsten halb links. Im Wald führt unser Weg bergab und bei einem Querweg nach links (Lerici, Weg Nr. 3). Ein kurzes Stück müssen wir einer Straße nach rechts folgen, um sie bald nach rechts zu verlassen. Auf schönem Natursteinweg geht es bergan. Nach kurzer Zeit lohnt ein kleiner Abstecher nach links zu einem tollen Aussichtspunkt über den Golf von La Spezia.

Die Markierungen führen uns zu den Häusern von **Zanego** **1** (3:00 Std.), wo wir eine Straße überqueren und sogleich wieder an der Gabelung vom ersten Drittel der Tour stehen. Hier gehen wir links und steigen nach **Tellaro** **E** (3:30 Std.) ab.

In dem schönen Ort am Ostufer des »Golfo dei poeti« findet man bestimmt ein nettes Café, um auf die Rundwanderung anzustoßen.

2 LERICI
Ehemals umkämpfte Burg und charmante Altstadt

Nach der Rundwanderung im Naturpark Montemarcello, auf dem Rückweg in Richtung La Spezia, lohnt es sich, einen Zwischenstopp im netten und sehenswerten Städtchen Lerici einzulegen.

Lage An der Ostküste des Golfes von La Spezia, GPS 44.075633, 9.916934

Anfahrt Mit dem Auto auf der A15 bis Ausfahrt Sarzana und der Beschilderung »Lerici« folgen. Mit der Bahn bis La Spezia und weiter mit dem Bus nach Lerici

Einkehr Zahlreiche Restaurants und Bars in der Altstadt

Info Comune di Lerici, www.comune.lerici.sp.it (auch auf Deutsch)

Das Wahrzeichen der kleinen Stadt am Ostufer des Golfes von La Spezia ist eine mächtige Festung, die stolz über der Altstadt thront. Die von den Machthabern von Pisa im 13. Jahrhundert errichtete Burg machte ihren Erbauern allerdings nur kurze Zeit Freude. Denn schon bald kam Lerici unter die Herrschaft Genuas, das die strategisch wichtige Anlage als Bollwerk gegen verfeindete Nachbarn weiter ausbaute. Auf der Burg von Lerici befindet sich neben der imposanten Festung mit dem fünfeckigen Turm auch die Kapelle Sant'Anastasia aus dem 13. Jahrhundert. Die Festung beherbergt zudem ein paläontologisches Museum (Museo geopaleontologico del castello di Lerici).

Einen Besuch wert ist außerdem die Pfarrkirche San Francesco aus dem 12. Jahrhundert, in der viele Kunstwerke der sogenannten Genueser Schule zu bewundern sind. Davon abgesehen besitzt der Ort eine pittoreske Altstadt und einen lebendigen Fischereihafen, wo man beispielsweise im »Siamo Fritti« preiswert frittierten Fisch bekommt.

Die Stadt und die Literatur

Lerici blickt auf eine literarische Geschichte zurück. Anfang des 19. Jahrhunderts verbrachten Mary Shelly, die Autorin von *Franken-*

stein, und Lord Byron im benachbarten San Terenzo einige Zeit. Die Popularität von Shelley und Byron führte zu der zusätzlichen Bezeichnung »Golfo dei Poeti« für den Golf von La Spezia und zog Touristen und weitere Schriftsteller wie D. H. Lawrence, Virginia Woolf oder Gabriele D'Annunzio an. In der Burg von San Terenzo ist heute ein Museum untergebracht, das dem Ehepaar Shelley gewidmet ist.

Lerici eignet sich wegen seiner steilen Küste zum Baden nicht ganz so gut. Kleine Strände findet man bei San Terenzo und Fiascherino.

Das schöne Lerici ...

... besitzt farbenprächtige Fassaden.

3 LA SPEZIA

Stadtbummel am Golfo dei Poeti

La Spezia bildet zusammen mit seinem gleichnamigen Golf die östliche Begrenzung der Riviera di Levante. Aufgrund ihrer militärischen Bestimmung lassen die Touristenströme die Stadt trotz ihrer schönen Meeresbucht links liegen.

Lage Am Nordende des Golfo dei Poeti östlich der Cinque Terre, GPS 44.1113, 9.8455

Anfahrt Mit dem Auto über die A 12 bzw. A 15 und weiter über den Zubringer vom Autobahnkreuz »La Spezia«. Mit der Bahn von Norditalien mit Umsteigen in Parma

Einkehr Viele Fischrestaurants an der Uferpromenade und Bars im Stadtzentrum

Info Guida Turistica 5 Terre – La Spezia, www.liguria.guide

Im 19. Jahrhundert beschloss die italienische Regierung, den Kriegshafen von Genua nach La Spezia zu verlegen. Der Bau des Marinearsenals mit seinem riesigen Hafenbecken und dem angrenzenden Arbeiterviertel prägte von nun an den Charakter der Stadt. Auch ohne mittelalterlichen Stadtkern ist La Spezia für einen Besuch durchaus zu empfehlen, zumal die Stadt einen idealen Ausgangspunkt für Wanderungen in die Cinque Terre darstellt.

Markteinkauf vor dem Wandern

In der modernen Stadt kann man Italien jenseits falscher Touristenromantik erleben. Rund um die Via del Prione findet man Cafés und Geschäfte, die im Gegensatz zu den meisten Badeorten reelle Preise bieten. An der nahe gelegenen Piazza Cavour liegt der Lebensmittelmarkt von La Spezia. Es macht großen Spaß, vormittags die bunten Verkaufsstände entlangzuschlendern, wo man Fisch, Obst, Käse, Gemüse und Blumen erstehen kann.

Die Stadt besitzt zwar keine Altstadt mit dem sonst üblichen gepflasterten Gassengewirr, dafür aber drei sehenswerte Museen: Die archäologische Abteilung des Museo Civico Formentini (Via Curtatone 9, montags geschlossen) enthält Fundstücke aus der Bronze- und Eisenzeit (u. a. die berühmten Lunigiana-Stelen aus dem Magra-Tal) sowie Urnen und Statuen aus der römischen Antike. Das Marinemuseum Museo Navale (Eingang an der Piazza Chiodo, tgl. geöffnet) präsentiert Schiffsmodelle, die von ägyptischer und römischer Seefahrt bis hin zu unserer Zeit reichen. Hervorzuheben ist außerdem die große Sammlung malerischer Galionsfiguren.

PALIO DEL GOLFO

Am ersten Augustwochenende findet in La Spezia der traditionsreiche Ruderboot-Wettkampf »Palio del Golfo« statt. Begleitend werden Umzüge in historischen Kostümen und Konzerte abgehalten, es gibt überall Essensstände und zuletzt ein Feuerwerk.

Von Tizian zu Tintoretto

Das Museo Amedeo Lia (Via Prione 234, montags geschlossen) lässt hingegen das Herz eines jeden Kunstfreundes höherschlagen. Die von dem Industriellen Amedeo Lia gestiftete Gemäldesammlung zeigt unter anderem Werke so berühmter Maler wie Tizian, Bellini oder Tintoretto. Eine weitere Attraktion ist die Bootsfahrt durch den Golf von La Spezia, die man gut mit den Wanderungen in den Cinque Terre verbinden kann.

Blick von Osten auf den Golf von La Spezia

4 RUNDWANDERUNG AUF PALMARIA

Inseltour mit Bademöglichkeit

Diese Inselwanderung ist eine nette Einstiegstour, vor allem, weil man sie mit einer Schifffahrt auf dem Golf von La Spezia verbinden kann. Außerdem bietet sie eine traumhafte Aussicht auf die Apuanischen Alpen.

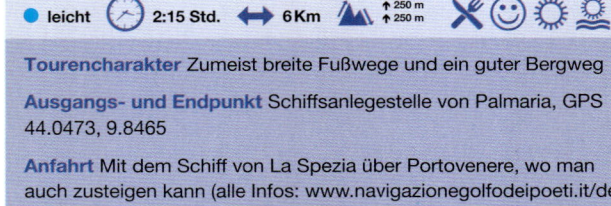

Tourencharakter Zumeist breite Fußwege und ein guter Bergweg

Ausgangs- und Endpunkt Schiffsanlegestelle von Palmaria, GPS 44.0473, 9.8465

Anfahrt Mit dem Schiff von La Spezia über Portovenere, wo man auch zusteigen kann (alle Infos: www.navigazionegolfodeipoeti.it/de bzw. www.barcaioliportovenere.com)

Einkehr Restaurants an der Anlegebucht und der Cala del Pozzale

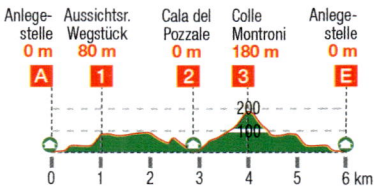

Der Wegverlauf

An der **Anlegestelle** **A** von Palmaria wenden wir uns nach links (Holzschild: Pozzale) und gehen zu einer gelben Kirche. Hier beginnt ein breiter Fahrweg, auf dem wir nach Osten leicht ansteigen. Bald zweigen wir rechts von ihm ab (Schild: Pozzale) und folgen einem Weg, der von einer mit Efeu bewachsenen Felswand begrenzt wird.

Wir kommen an einer alten Wehranlage vorbei und stoßen auf einen Fahrweg, auf den wir nach rechts einschwenken. Wo er sich gabelt, halten wir uns erneut rechts und verlassen ihn bald über einen nach rechts abzweigenden Fußweg (Schild: Pozzale). Der Weg ist zunächst steiler, wird aber gleich wieder flacher und es folgt ein **aussichtsrei-**

ches Wegstück **1** (0:30 Std.) mit Blicken auf den Golf von La Spezia.

Bademöglichkeit am Ostufer

Bei einem Defibrillator-Kasten halten wir uns links und erreichen nach einem steilen Abstieg den steinigen Strand der **Cala del Pozzale** **2** (1:00 Std.). Wir folgen danach dem parallel zum Ufer verlaufenden Fahrweg bis zu einem Schild mit Icons, die aufzeigen, was alles im Naturschutzgebiet nicht erlaubt ist. Hier zweigt ein Fußweg in die bewaldeten Hänge ab (Schild: Vetta). Steil, aber schattig geht es bergan, was im Hochsommer von Vorteil ist.

Nach einer Kuppe wird der Weg wieder flacher und man hat einen berau-

Los geht die Inselrunde an einem kleinen Hafen.

Von Palmaria hat man sehr schöne Ausblicke nach Protovenere.

WANDERN & BADEN

Die Möglichkeit, eine Wanderung mit ein, zwei Badestopps zu verbinden, ist natürlich gerade mit Kindern ideal. Allerdings ist Palmaria an schönen Wochenenden gut besucht, weswegen man die Tour am besten an einem Werktag unternimmt. Übrigens ist das Meer auch im Herbst mit Temperaturen von nicht selten um die 20° C noch zum Baden ausreichend warm.

schenden Blick auf die Felswände des Cala Grande. Weiter angenehm ansteigend erreichen wir bald den höchsten Punkt der Insel am **Colle Montroni** ❸ (1:45 Std.), wo sich Picknickbänke befinden.

Die Runde schließt sich

Wir folgen der Teerstraße ein gutes Stück nach rechts und müssen nach der zweiten Kehre (hier ist rechts ein versteckt gelegener, verfallener Palazzo) aufpassen: Nach etwa 200 Metern biegt ein (unmarkierter) Fußweg nach links in den Wald ab, der uns durch ein

schönes, kleines Tal mit efeubewachse-
nen Bäumen führt. Immer entlang der
tiefsten Linie (einmal wird ein Fahrweg
gequert) erreichen wir wenig später
wieder unseren Ausgangspunkt an der
Anlegestelle **E** (2:15 Std.). Die Zeit bis
das nächste Schiff zurück nach Portovenere fährt, kann man perfekt mit der
Einkehr am Restaurant nahe der Anlegestelle verbringen.

VARIANTE

Am Colle Montroni kann man
auch links der Beschilderung
»Carlo Alberto« folgen und
somit einen schönen Schlenker
über die Nordwestspitze unternehmen.

Unbedingt beachten: Man sollte sich natürlich vorab erkundigen, wann
das letzte Schiff fährt, damit man die Nacht nicht auf der Insel verbringen muss.

Vor dem nächsten Fährschiff können die Kids ins Wasser springen.

5 PORTOVENERE

Altstadt in Traumlage mit großer Geschichte

Am östlichsten Zipfel des Golfo dei Poeti gelegen, ist der »Hafen der Venus«, von den Römern als »Veneris Portus« gegründet, ein großartiger Startpunkt zu Wanderungen auf der Insel Palmaria und in die Cinque Terre.

Lage Am Südwestende des Golfo dei Poeti, GPS 44.0518, 9.8345

Anfahrt Entweder mit dem Bus oder Schiff von La Spezia oder von dort mit dem Auto auf der gut beschilderten Küstenstraße

Einkehr Zahlreiche Restaurants und Bars in der Altstadt und an der Promenade

Info https://portovenere.a-turist.com/de

Reist man mit dem Schiff über den Golf von La Spezia nach Portovenere, was viel schöner ist, als mit dem Auto die Küstenstraße zu benutzen, dann biegt das Boot um die Ecke der Punta della Castagna und plötzlich wird der Blick frei auf die bunten Häuser, die exponierte Kirche San Pietro und die mächtige Festung.

Einst wichtiger als La Spezia

Letztere wurde von den Genuesen errichtet, die den Golf von La Spezia zum Bollwerk gegen Pisa ausbauten. Hinter dem gut erhaltenen mittelalterlichen Stadttor liegt die zwischen alten Gemäuern eingepferchte Hauptachse des Ortes. Hier findet man typische Souvenirläden, aber auch das eine oder andere interessante Geschäft, wo man zum Beispiel gutes Olivenöl einkaufen kann.

Die verkehrsberuhigte Hauptstraße führt zu einem freien Platz, von dem man auch schon die schwarz-weiß gestreifte Kirche San Pietro sieht. Dieses unumstrittene Wahrzeichen steht spektakulär auf einem Felssporn mitten im Meer. Von der kleinen Vorhalle des gotischen Bauwerks aus dem13. Jahrhundert hat man einen faszinierenden Blick auf den fast senkrechten Küstenabbruch der Palestra di Roccia del Muzzerone.

Ein wasserfester Poet

Kurz vor der Kirche führt ein kleiner Abstecher zur romantischen Grotta Byron, von wo aus der wasserbegeisterte Dichter Lord Byron bis nach Lerici geschwommen sein soll.

Die Besichtigung der romanischen Kirche San Lorenzo und der darüber liegenden Burg aus dem 17. Jahrhundert schließen den kleinen Rundgang mit einem schönen Blick auf San Pietro ab. Zum Baden bietet sich die gegenüberliegende Insel Palmaria (siehe Tour 4) an. In der Hochsaison fahren die Schiffe halbstündlich dorthin.

Das am östlichsten Ende der Riviera di Levante …

… gelegene Protovenere war bei Dichtern sehr beliebt.

6 IN DIE CINQUE TERRE

Tiefblicke und Waldpassagen im Osten der Riviera di Levante

Vom südöstlichsten Zipfel der Riviera di Levante wandern wir in die wunderschöne Region Cinque Terre. Es geht zuerst steil hinauf, dann führt unser Weg oberhalb spektakulärer Felsabbrüche und durch bewaldete Höhenrücken zu den Weinterrassen von Riomaggiore.

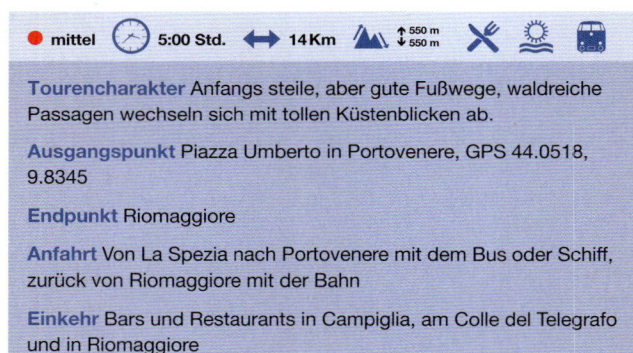

● mittel | 5:00 Std. | ↔ 14 Km | ↑ 550 m ↓ 550 m

Tourencharakter Anfangs steile, aber gute Fußwege, waldreiche Passagen wechseln sich mit tollen Küstenblicken ab.

Ausgangspunkt Piazza Umberto in Portovenere, GPS 44.0518, 9.8345

Endpunkt Riomaggiore

Anfahrt Von La Spezia nach Portovenere mit dem Bus oder Schiff, zurück von Riomaggiore mit der Bahn

Einkehr Bars und Restaurants in Campiglia, am Colle del Telegrafo und in Riomaggiore

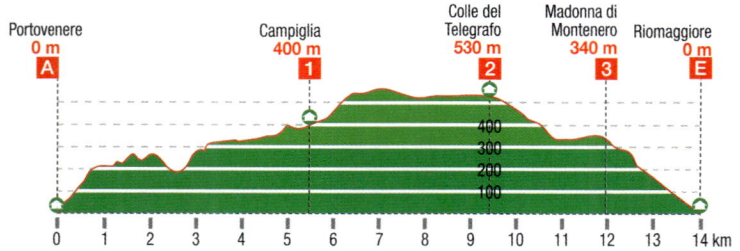

Der Wegverlauf

In Portovenere an der **Piazza Umberto** [A] befindet sich vor einer Treppe ein Hinweisschild nach Riomaggiore (Markierung Nr. 1). Entlang der Stadtmauer steigen wir steile Stufen hinauf, der gepflasterte Weg

Die Wanderung nach Riomaggire ist gut beschildert.

Unterwegs bieten sich spektakuläre Küstenpanoramen.

wird zu einem steinigen Pfad. Hinter zwei verfallenen Gemäuern stoßen wir auf den Abzweiger zu den Roccia del Muzzerone. Wir folgen rechts weiter dem Weg mit der Nr. 1. Dieser wird flacher und wendet sich nach Norden. Es bieten sich traumhafte Blicke auf den Golf von La Spezia und auf die Apuanischen Alpen.

In angenehmer Steigung geht es nun durch Mischwald aus Pinien, Steineichen und Hainbuchen. Der Weg wird zum Fahrweg und stößt auf eine Straßenkehre. Wir gehen die Straße nach halb rechts bergab und können eine ihrer Schleifen auf einem markierten Pfad abkürzen. An einem Sattel verlassen wir die Straße und folgen dem bergan führenden Fußweg. Er tangiert noch einmal eine Straßenkehre, um hoch über dem Meer nach Westen zu führen.

Schwindelerregende Steilküste

An einem weißen Kalkfelsen folgt ein sehr schöner Aussichtsplatz. Hier bieten sich die spektakulärsten Blicke auf die Riviera di Levante, die nirgendwo sonst so steil ins Meer stürzt. An einem Sattel tangieren wir wieder eine Straßenkehre, folgen aber weiter dem Fußweg. Schließlich stoßen wir auf eine Straße, die wir erst bei einem roten Hydranten links wieder verlassen. Der Weg führt zunächst Richtung Meer, wendet sich dann nach rechts und führt uns an einem verfallenen Turm vorbei nach **Campiglia** **1** (2:30 Std.). Der Dorfstraße folgend, kommen wir an einer Kirche vorbei. Kurz danach halten wir uns an einer Weggabelung mit öffentlicher Wasserstelle links.

Der Weg mit der Nr. 1 führt uns wieder in den Wald, wo wir an einem Trimm-dich-Pfad vorbeikommen. Später ist der Weg breiter und gepflastert. Hinter einer Schranke folgen wir dem steinigen Fußweg und erreichen kurz danach an einer Haarnadelkurve den **Colle del Telegrafo** **2** (3:30 Std.).

Der erste Cinque-Terre-Blick

Hier wenden wir uns nach links und laufen an der Gastwirtschaft vorbei auf einen schmalen Fußweg zu (Markierung ab jetzt Nr. 3). Mit schönen Ausblicken auf das Meer geht es in angenehmer Neigung bergab. Nach Pinien und Wacholderbüschen folgen die ersten Weingärten. Wir stoßen auf einen Querweg und haben von hier aus eine Gesamtübersicht auf das Gebiet der Cinque Terre. Anschließend wenden wir uns nach links und stehen bald vor der Kirche **Madonna di Montenero** **3** (4:15 Std.).

An der Westseite befindet sich eine Treppe, auf der wir rechts hinabsteigen. Der schöne, bald gepflasterte Weg führt zunächst vom Meer weg, um sich nach einer Kehre diesem wieder zuzuwenden. Wir überqueren zwei Straßen und stehen sogleich am Ortseingang von **Riomaggiore** **E** (5:00 Std.). Über die Hauptgasse erreichen wir das schöne Ortszentrum, an dessen Ende uns ein Schild den Weg zum Bahnhof weist. Zum netten kleinen Hafen geht man hingegen die Treppen hinunter und durch ein Gewölbe hindurch. Nicht nur im Hochsommer, sondern auch im Herbst ist das Wasser meist noch so warm, dass man sich nach der Tour im Meer erfrischen kann.

Agave am Wegesrand

7 RIOMAGGIORE

Im östlichsten der fünf besonderen Dörfer

Am Steilufer der Riviera di Levante gelegen, bietet bereits der östlichste Cinque-Terre-Ort ein einzigartiges Ambiente. Wie auch die anderen fünf Dörfer sollte man Riomaggiore nicht zur Hauptsaison besuchen, da sich dann Touristenmassen durch das winzige Städtchen schieben.

Lage Etwa acht Kilometer (Luftlinie) westlich von La Spezia im Osten der Riviera di Levante, GPS 44.0991, 9.7379

Anfahrt Am besten mit der Bahn: Alle fünf Dörfer besitzen einen eigenen Bahnhof an der Linie Genua–La Spezia, meist verkehren die Regionalzüge im Halbstundentakt.

Einkehr Restaurants und Bars im Ortszentrum

Info www.cinque-terre.it (auch auf Deutsch)

Der Name »Cinque Terre« geht auf den Schriftsteller Jacopo Bracelli zurück, der die Küste zwischen Punta Mesco und Portovenere als »Felsenriff, auf dem fünf Dörfer liegen« (latein. *terra* = Land) umschrieb. Das Fehlen einer durchgehenden Küstenstraße verhinderte die sonst übliche Zersiedelung und den Bau von Hotelbunkern. Für die ansässige Bevölkerung brachte die Anbindung an das Eisenbahnnetz Ende des 19. Jahrhunderts weitreichende Veränderungen mit sich. Während sie zuvor in erster Linie vom Weinanbau und erst nachrangig von Fischfang bzw. der Seefahrt lebten, fanden die Bewohner nun Arbeit im nahen Marine- und Werftstandort La Spezia.

Kulturlandschaft im Wandel

Abwanderung und landschaftliche Probleme waren die Folge: Werden die terrassierten Weinberge nicht mehr gepflegt, stürzen die unzählbaren Trockenmauern nach und nach ein. So beschleunigt sich bei Starkregen der Oberflächenabfluss, was eine verstärkte Erosion mit sich bringt. So wurden im Herbst 2011 Teile von Riomaggiore (wie auch der anderen Orte) nach langen Regenfällen durch katastrophale Schlammlawinen zerstört. Alle Dörfer wurden aber wiederaufgebaut.

Riomaggiore hat zwar einige wenige, unschöne Neubauten am oberen Stadtrand. Ansonsten findet man hier aber alle Ingredienzen, die ein echtes Cinque-Terre-Dorf ausmachen: eine hübsche, zum Meer führende Hauptgasse, verwinkelte, an steile Berghänge gebaute Häuser, einen kleinen Hafen mit felsiger Umrahmung und nicht zu vergessen einen Bahnhof, den man wie meistens durch einen Fußgängertunnel erreicht. Zum Baden gibt es eine felsige Bucht neben dem Hafen.

Schiffe im Hafen von Riomaggiore

Der früher sehr beliebte Wanderweg »Via dell'Amore« zum Nachbarort Manarola war wegen der Erosionsproblematik im Herbst 2017 weiter gesperrt, soll aber 2019 wieder eröffnet werden.

Blick auf Riomaggiore

8 VON CORNIGLIA NACH MANAROLA

Traumblicke und Weinberge in den Cinque Terre

Diese Wanderung hoch über dem Meer führt vom Touristenrummel der Cinque-Terre-Dörfer weg. Im Bergdorf Volastra findet man keine Souvenirstände, dafür umso schönere Blicke auf die steile Küste mit ihren Weinbergen.

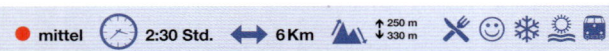

● **mittel**   🕐 **2:30 Std.**   ↔ **6 Km**   ⛰ ↑ 250 m ↓ 330 m   🍴 ☺ ❄ ☀ 🚌

Tourencharakter Gute, aber teils steile Bergsteige und schöne Pflasterwege mit toller Aussicht

Ausgangspunkt Bahnhof Corniglia, GPS 44.1186, 9.7155

Endpunkt Manarola; GPS 44.1065, 9.7271

Anfahrt Corniglia und Manarola sind mit dem Nahverkehrszug von Genua oder La Spezia aus zu erreichen.

Einkehr Kleines Restaurant in Volastra, diverse Lokale in Corniglia und Manarola

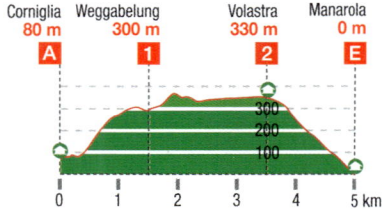

Der Wegverlauf

Vom **Bahnhof** **A** folgt man zunächst der Beschilderung und somit bald einigen Treppenstufen hinauf nach Corniglia. Nachdem wir uns den Ortskern angesehen haben, gehen wir zur großen Hauptkirche, die im nördlichen Teil des Ortes liegt. Die Kirche von **Corniglia** **1** (0:15 Std.) lassen wir rechts liegen und gehen kurz danach an einer Gabelung mit Brunnen links (Wege 587 bzw. 7a). Einem gepflasterten Weg folgend, erreichen wir die letzten Häuser des Ortes.

Wenig später kommen wir, bei immer gleicher Steigung, in schattigen Wald, was bei der südseitigen Exposition durchaus angenehm ist. Wo der Wald etwas lichter wird, haben wir eine erste tolle Aussicht auf Corniglia und müssen nun kurz aufpassen: An einer Weggabelung folgen wir rechts dem Weg »7a« bzw. »586« in Richtung Volastra. Der Weg wird nun unter Pinien flacher und quert durch den Bergwald auf etwa immer derselben Höhe hinüber zu den Weinhängen von Volastra (an einer Gabelung hält man sich rechts).

Weinberge mit Panoramablick

Über viele Meter verläuft der Weg jetzt auf den Steinmauerkanten der Weinbauterrassen. Dass diese noch erhalten sind bzw. wiederaufgebaut wurden, ist unter anderem Luciano Capellini zu verdanken. Ihm tat es in der Seele weh, die Landschaft seiner Jugend immer mehr vernachlässigt zu sehen, immer mehr Terrassen wuchsen zu mit dichtem Gestrüpp. So hat er vor einigen Jahren ein ehrgeiziges Projekt in die Hand genommen und beinahe seine gesamten Ersparnisse hineingesteckt. Er modernisierte den Weinkeller seiner Familie und begann, die Weinterrassen zu pflegen und den Wein nicht nur mit dem Wissen der Familientradition, sondern unter Berücksichtigung der neuesten önologischen Erkenntnisse zu produzieren.

Weiter nach Manarola

Die Markierungen leiten uns schließlich durch ein erstes Anwesen von Volastra. Direkt vor dem Ort haben wir eine wunderbare Aussicht auf das Ziel Manarola. Wir erreichen die Kirche des **Bergdorfs Volastra** **2** (1:45 Std.) und gehen hier rechts. Vor einem Lebensmittelgeschäft, das sich in etwa der Dorfmitte befindet, zweigen wir ebenfalls rechts in Richtung Manarola ab.

Sehr schnell öffnen sich schöne Aussichten zurück nach Corniglia.

Über einen sehr schönen, alten Pflasterweg steigen wir durch Oliven-terrassen nun wieder zum Meer hinab. An einer Gabelung gibt es zwei Möglichkeiten, um nach Manarola zu gelangen. Am schönsten geht man hier nach rechts durch ein kleines Tor und folgt der Beschilderung »Panoramico«. Der Weg quert noch einmal flach nach Westen, um dann in einem sehr aussichtsreichen Schlussabstieg direkt nach Ma-narola hinabzuführen. Ganz zuletzt ignorieren wir einen Querweg und steigen weiter steile Stufen direkt ins Ortszentrum hinab. Dort folgen wir nach rechts der Dorfstraße zum wunderschönen Natur(fels)hafen von **Manarola** **E** (2:30 Std.), wobei wir an einigen Fischerbooten vor-beikommen.

Früher lebten die meisten Menschen in Manarola vom Fischfang. Aber die steile Küste bietet keinen Platz für das Lagern der Fischerboote. So werden diese in der Bucht mithilfe einer Seilwinde aus dem Was-ser über 15 Meter hoch auf den Felsen gezogen. Mitten auf der einzi-gen Straße, Via Birolli, liegen die Boote geparkt. Unten am Meer gibt es wunderschöne Felsplätze, von wo aus man nach der Wanderung noch ins Meer springen oder einfach nur den wunderschönen Sonnenuntergang genießen kann. Zudem gibt es in der vom Hafen zur Kirche führenden Hauptstraße eine gute Auswahl an Gaststätten, in denen man nach der Tour einkehren kann.

Auch wenn man mit der Bahn angereist ist, muss man sich dabei nicht beeilen, denn die Nahverkehrszüge fahren bis in die Nacht.

GAUMENSCHMAUS

Vor der Tour sollte man seinen Proviant unbedingt in der sehr leckeren Foccaceria an der linken Seite der Hauptgasse von Corniglia (Richtung Meer) aufstocken. Zum Einkehren unterwegs kann u. a. die Trattoria L'Arcobaleno in Volastra (Via Montello 270) und nach der Tour »Dal Billy« in Manarola empfohlen werden.

Unterwegs geht man immer wieder an Weinstöcken vorbei.

9 MANAROLA & CORNIGLIA

Die vielleicht schönsten Dörfer der Cinque Terre

Die Besichtigung der beiden »mittleren« Dörfer der Cinque Terre kann man ideal mit der vorangegangenen Wanderung oder in nur fünf Minuten Bahnfahrt miteinander verbinden.

Lage Westlich von La Spezia im Osten der Riviera di Levante, GPS 44.1065, 9.7271 (Manarola) bzw. 44.1186, 9.7155 (Corniglia)

Anfahrt Am besten mit der Bahn: Alle fünf Dörfer besitzen einen eigenen Bahnhof an der Linie Genua–La Spezia, meist verkehren die Regionalzüge im Halbstundentakt.

Einkehr Restaurants und Bars jeweils im Ortszentrum

Info www.cinque-terre.it (auch auf Deutsch)

Von allen fünf Cinque-Terre-Orten besucht der Autor dieses Buches am liebsten Manarola und Corniglia: Manarola besitzt den vielleicht schönsten Aussichtspunkt der fünf Dörfer. Von der Punta Bonfiglio hat man einen Traumblick auf die verschachtelten Häuschen oberhalb des bezaubernden Hafens, deren rötliche Farben bei Sonnenuntergang in ein warmes Licht getaucht werden. Sehr schön ist auch der Naturhafen des Ortes, wo man von tollen Felsen aus ins Wasser springen oder auch nur den Sonnenuntergang genießen kann.

Weinzentrum der Cinque Terre

Der Weg über die mit typischen Touristenläden, aber auch netten Geschäften gesäumte Hauptgasse führt zu der im oberen Ortsteil gelegenen Kirche San Lorenzo. Sie besitzt ein wunderschönes Rosenfenster aus Marmor. Unweit davon kann man übrigens sehr günstig in einem Hostel übernachten. In Manarola sollte man einen Wein probieren. Schließlich werden in der Umgebung die meisten Cinque-Terre-Weine angebaut. In dem nahe gelegenen Ort Groppo befindet sich daher die Winzer-Kooperative der Cinque Terre.

Corniglia wiederum ist vielleicht das ruhigste der fünf Dörfer, weil es nicht direkt am Meer, sondern knapp 100 Meter darüber liegt. Dabei hat es einen sehr schönen Ortskern mit kleiner Piazza und am Ende der Hauptgasse eine Aussichtsterrasse mit umwerfendem Cinque-Terre-Blick. Hier befindet sich auch ein nettes Café. Wie die Nachbarkirche in Manarola hat auch San Pietro ein schönes Rosenfenster.

Wer baden möchte, muss allerdings ein gutes Stück absteigen und hat die Wahl zwischen dem langen schmalen Kiesstreifen des Spiaggione di Corniglia und dem etwas weiter westlich gelegenen, schöneren Spiaggia di Guvano.

Corniglia liegt als einziges Dorf oberhalb des Meeres.

Blick auf die Hauptkirche von Manarola

73

10 VON CORNIGLIA NACH MONTEROSSO

Auf dem Hauptwanderweg der Cinque Terre

Diese tolle Wanderung sollte man wenn möglich nicht zu Ferienzeiten unternehmen, da die Tour sehr beliebt ist. Die Route verbindet die drei westlichen Cinque-Terre-Orte und man benötigt hierzu die Cinque Terre (Tages-)Card, die an den Bahnhöfen erhältlich ist.

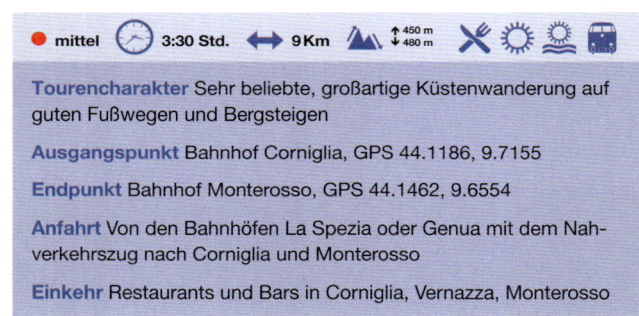

● mittel   🕐 3:30 Std.   ↔ 9 Km   🏔   ↑ 450 m ↓ 480 m   🍴 ☀ 🏖 🚐

Tourencharakter Sehr beliebte, großartige Küstenwanderung auf guten Fußwegen und Bergsteigen

Ausgangspunkt Bahnhof Corniglia, GPS 44.1186, 9.7155

Endpunkt Bahnhof Monterosso, GPS 44.1462, 9.6554

Anfahrt Von den Bahnhöfen La Spezia oder Genua mit dem Nahverkehrszug nach Corniglia und Monterosso

Einkehr Restaurants und Bars in Corniglia, Vernazza, Monterosso

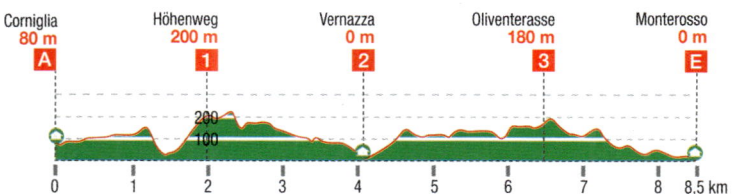

Corniglia	Höhenweg	Vernazza	Oliventerasse	Monterosso
80 m	200 m	0 m	180 m	0 m
A	1	2	3	E

Der Wegverlauf

Vom **Bahnhof** A folgen wir zunächst der Beschilderung nach Corniglia, das wir über einige Treppenstufen erreichen (0:15 Std.). Bevor man in Richtung Vernazza weiterwandert, sollte man sich unbedingt den netten Ort anschauen und vielleicht den Proviant mit einer frisch gebackenen Focaccia aufstocken.

Nun geht es rechts in Richtung Kirche, aber nicht zu ihr, sondern an ihr geradeaus vorbei und leicht ansteigend aus dem Ort hinaus. Wir

wandern durch Weingärten, überqueren eine Straße und folgen dem Schild »Vernazza« zu einer Brücke hinunter.

Zwischen Oliven und Wein

Nachdem wir diese überquert haben, geht es auf einem gepflasterten Weg stetig bis zu einem **Höhenweg** 1 (1:00 Std.) bergan. Links und rechts von uns wachsen wunderschöne Olivenbäume, die aber nur eine Nebenerwerbsquelle in den Cinque Terre darstellen. Nach einem Abbruch kommen wir schließlich zu einem ersten Haus (Bar), gehen unter dessen Gewölbe hindurch und genießen gleich den wunderschönen Ausblick auf Vernazza. Aufgrund seiner Lage auf einem ins Meer ragenden Felssporn ist es das wohl am häufigsten fotografierte Dorf

Immer wieder begleiten Weinterrassen den Weg.

Die Tour startet am Hauptplatz von Corniglia.

der Cinque Terre. Wir gehen auf den Ort zu und folgen der durch verschachtelte Häuschen führenden Treppe zur geschäftigen Hauptachse von **Vernazza** 2 (1:45 Std.).

Zwischenstopp in Vernazza

Wir sollten nicht sofort auf der anderen Seite dem Weiterweg nach Monterosso al Mare folgen, sondern nach links zum kleinen Hafen des Ortes gehen. Abgesehen davon, dass man hier seine eventuell erfrischungsbedürftigen Füße im Meer kühlen kann, steht hier die schöne Kirche Santa Margherita aus dem frühen 14. Jahrhundert.

Wir gehen die Hauptstraße genau bis in die Höhe zurück, wo wir von rechts her eingemündet sind. Am gegenüberliegenden Haus (Schild »Via Roma«) beginnt die letzte Etappe nach Monterosso. Der Weg führt von der Hauptgasse weg und durch enge Gassen bergan. Es geht steiler zu **Oliventerrassen** 3 (2:15 Std.) hinauf, wo ein längeres Wegstück folgt, auf dem sich leichte Ab- und Anstiege immer wieder abwechseln. Bald genießen wir einen freien Blick auf Monterosso, dessen lange Strandpromenade eher an die Badeorte der Riviera di Ponente erinnert.

Die Hänge werden etwas flacher und wir wandern wieder durch kultiviertes Land mit Olivenbäumen und Weinreben. Hinter einer kleinen Steinbrücke führt unser Weg über schmale Mäuerchen an einem Hof vorbei. Wenn man Glück hat, trifft man einen Bauern, der im Schatten eines Baumes sitzend Olivenöl, Wein, Obst und sogar Mineralwasser verkauft.

Schlussabstieg zum Meer

Nach Zitronenbäumen führen steile Stufen zu einem kleinen Bach hinunter, dem wir entlang einer Trockenmauer ein kurzes Stück folgen. Wir verlassen die Mauer bei einigen Schilfgewächsen und folgen der Markierung nach rechts. Bald stoßen wir auf eine Treppe, die schließlich als gepflasterter Weg zur großen Uferpromenade von **Monterosso al Mare** E (3:30 Std.) führt.

Von den drei Strandbuchten ist gleich der östlichste wohl der schönste Platz zum Baden.

11 VERNAZZA & MONTEROSSO AL MARE

Zwei ungleiche Nachbarn

Im Westen der Cinque Terre gelegen, präsentieren sich Vernazza und Monterosso al Mare als zwei höchst unterschiedliche Nachbarorte und sollten wie alle fünf Dörfer möglichst nicht in der Hauptsaison besucht werden.

Lage Westlich von La Spezia im Osten der Riviera di Levante, GPS 44.1349, 9.6827 (Vernazza) bzw. 44.1462, 9.6554 (Monterosso al Mare)

Anfahrt Am besten mit der Bahn: Alle fünf Dörfer besitzen einen eigenen Bahnhof an der Linie Genua–La Spezia, meist verkehren die Regionalzüge im Halbstundentakt.

Einkehr Restaurants und Bars jeweils im Ortszentrum

Info www.cinque-terre.it (auch auf Deutsch)

Vernazza ist das vielleicht schönste, mit Sicherheit aber das meistfotografierte Dorf des Gebietes. Schließlich liegt es auf einer schmalen, ins Meer ragenden Halbinsel. Pittoresker geht es nicht. Eine nette Hauptgasse führt zur Piazza am Hafen. Diese ist ein bisschen größer als in den vorher genannten Dörfern und auch in das Hafenbecken passen ein paar mehr Boote. Hier steht auch die im romanisch-gotischen Stil gehaltene Kirche Santa Margherita. Sie wurde 1318 eingeweiht.

Ihr archaischer, dunkler Innenraum bildet einen starken Kontrast zum geschäftigen Treiben auf dem Vorplatz, der in der Hochsaison von Touristen aus aller Welt bevölkert wird. Der Name des Ortes stammt übrigens von der Vernaccia-Traube, deren Wein exportiert wird.

Sandstrand und Strandpromenade

Monterosso al Mare besitzt hingegen einen ganz anderen Charakter als seine vier Brüder, was man schon von der Ferne aus erkennt. Mit seiner langen Strandpromenade – hier befindet sich der einzige Sandstrand zwischen der Punta Mesco und Portovenere – ähnelt es eher den Badeorten der Riviera di Ponente.

Der größte Cinque-Terre-Ort ist aufgeteilt in den neuen, am Bahnhof gelegenen Stadtteil Fegina und die recht nette Altstadt östlich davon. In letztgenannter steht die Kirche San Giovanni Battista, die schwarz-weiß gestreift ist und ein schönes Rosenfenster besitzt. Beim Baden hat man die Wahl zwischen dem langen, oft überlaufenen Sandstrand oder einer kleinen Halbinsel am Ostende der Bucht, welche einsame, da felsige Badeplätze bietet.

Wer in den Orten im Juli oder August übernachten möchte, muss sich rechtzeitig anmelden. Im Frühjahr oder Herbst wird man auch spontan eine Unterkunft finden.

Vernazza hat einen gut geschützten Hafen.

12 RUNDE OBERHALB VON VERNAZZA

Abseits des Trubels

Diese waldreiche Rundwanderung führt vom Touristenrummel weg und verläuft auf zum Teil schmalen Pfaden und entlang der Steinmauerterrassen, was etwas Trittsicherheit erfordert.

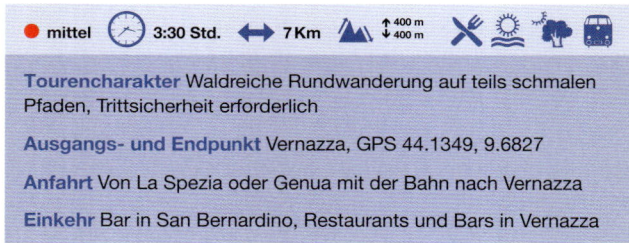

● **mittel** 🕐 **3:30 Std.** ↔ **7 Km** ↑ 400 m ↓ 400 m

Tourencharakter Waldreiche Rundwanderung auf teils schmalen Pfaden, Trittsicherheit erforderlich

Ausgangs- und Endpunkt Vernazza, GPS 44.1349, 9.6827

Anfahrt Von La Spezia oder Genua mit der Bahn nach Vernazza

Einkehr Bar in San Bernardino, Restaurants und Bars in Vernazza

Der Wegverlauf

In **Vernazza** **A** wandern wir vom Meer weg unter den Bahngleisen hindurch und wenden uns nach links (verblasste Markierung). Über Stufen und einen Pflasterweg erreichen wir den Friedhof des Ortes. Von dort gelangen wir in angenehmer Steigung entlang eines Kreuzwegs zum Vorplatz der Kirche **Madonna di Reggio** **1** (1:00 Std.).

Nachdem wir diese besichtigt haben, gehen wir zum Kreuzweg zurück und folgen dem Fahrweg halb rechts weiter bergan (Markierung 8a). Wir stoßen auf eine Teerstraße, folgen dieser ein Stück nach rechts (nicht markiert) und haben einen schönen Ausblick zum nächsten Ziel,

San Bernardino. Dann müssen wir aufpassen: Bei einer Steinmauer führen steile Stufen links von der Teerstraße weg. Von nun an gilt es, gut auf Markierungen zu achten.

Es geht weiter bergan, an einer Gabelung oberhalb eines Weinfeldes halb links und in den Wald hinein. Dort halten wir uns an einer Gabelung halb rechts und kommen an den verstreuten Höfen von **Polazzo** **2** (1:20 Std.) vorbei.

Bergdorf mit Meerblick

Wir stoßen wieder auf eine Teerstraße und folgen dieser nach links, um sie nach einer Kurve nach rechts

Hangterrassen in den Cinque Terre

Blick beim Abstieg nach Vernazza

Ein typischer Wanderweg der Cinque Terre

zu verlassen. Im nun immer waldigeren Berggelände queren wir zwei Bächlein. Direkt hinter dem zweiten gehen wir an einer Gabelung halb links bergan, dann um einen verfallenen Hof (Schild »San Bernadino«) herum und wandern ein Stück über schmale Steinmauerkanten. Beim nächsten Hof halten wir uns geradeaus, laufen direkt über die kleine Terrasse und an mehreren Häusern vorbei. Ein Fahrweg führt nun zu einer Straße, die wir überqueren, um auf einem Fußweg die Kirche **San Bernardino** **3** (2:45 Std.) zu erreichen.

GEBÜHREN

Für dieses letzte kurze Teilstück auf dem kostenpflichtigen Cinque-Terre-Hauptweg muss man eigentlich eine Eintrittsgebühr entrichten. Diese ist aber schon in der empfehlenswerten »Carta Cinque Terre« enthalten, mit der man außerdem Bahn und Busse zwischen La Spezia und Levanto benutzen kann.

Hinter der Kirche folgen wir den Stufen bergan und zweigen, der Markierung folgend, nach rechts ab. Wir wandern von dem kleinen Bergdorf weg und zunächst leicht bergab, überqueren bald noch einmal eine Straße und folgen der Beschilderung gegenüber wieder in einen Fußweg. Noch einmal laufen wir auf einem Fahrweg ein kurzes Stück halb links zu einem schmalen Weg, der gleich steil die Küstenhänge hinunterführt. Man hat hier eine schöne Aussicht auf Vernazza. Nach vielen steilen Kehren erreichen wir den Cinque-Terre-Hauptweg und folgen diesem bis nach **Vernazza** **E** (3:30 Std.).

Man kann im Anschluss das Castello Doria besichtigen, das sich wie eine Bastion über dem Meer erhebt. Darüber bietet der zylindrische Turm Belforte eine tolle Aussicht. Ebenfalls sehenswert ist auf der anderen Seite des Ortskerns die Kirche Santa Margherita Antiochia aus dem Jahr 1318 im gotisch-ligurischen Stil auf einem Felsen über dem Meer.

Von dort kommt man bequem mit dem Zug zum jeweiligen Unterkunftsort in den Cinque Terre zurück.

13 LÄNGS DER COSTA DEL SEMAFORO

Tolle Küstenblicke auf die Cinque Terre

Wer bereits im Küstenabschnitt zwischen Portovenere und Monterosso gewandert ist, darf auch diesen Abschnitt der Riviera di Levante nicht verpassen. Denn vom Aussichtspunkt an der Eremo di Sant'Antonio liegt einem die gesamte Küstenlinie der Cinque Terre zu Füßen.

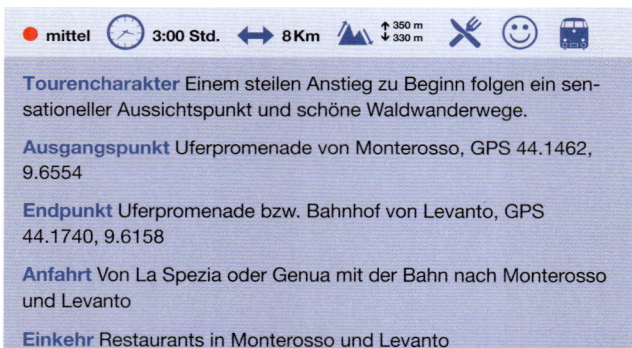

● mittel   3:00 Std.   ↔ 8 Km   ↑ 350 m ↓ 330 m

Tourencharakter Einem steilen Anstieg zu Beginn folgen ein sensationeller Aussichtspunkt und schöne Waldwanderwege.

Ausgangspunkt Uferpromenade von Monterosso, GPS 44.1462, 9.6554

Endpunkt Uferpromenade bzw. Bahnhof von Levanto, GPS 44.1740, 9.6158

Anfahrt Von La Spezia oder Genua mit der Bahn nach Monterosso und Levanto

Einkehr Restaurants in Monterosso und Levanto

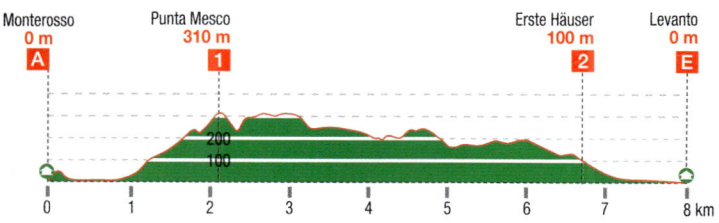

Monterosso	Punta Mesco			Erste Häuser	Levanto
0 m	310 m			100 m	0 m
A	1			2	E

Der Wegverlauf

Wir folgen der Promenade von **Monterosso** [A] nach Westen, bis wir auf ein Schild »Levanto« bzw. »Punta Mesco« treffen. Eine Teerstraße führt durch einen mit Efeu berankten Bogen hindurch, hinter dem eine Treppe beginnt. Wir stoßen auf eine Teerstraße, die wir bei einer Kurve (Markierung) verlassen. Weiteren Stufen folgt ein zunächst steiler und steiniger Fußweg. Schließlich wird der Anstieg flacher und es geht durch lichten Pinienwald, der schöne Blicke freigibt.

Grandioses Panorama

Wir treffen auf eine Gabelung, an der wir links dem Abstecher zur Punta Mesca folgen. Keine fünf Minuten später stehen wir auch schon an dem schönen **Aussichtspunkt 1** (1:00 Std.).

Nach einer Rast gehen wir zurück zur Abzweigung und wenden uns dort nach links. Bald treffen wir auf eine weitere Gabelung, an der wir uns ebenfalls links halten. Hinter zwei roten Häusern wird der Wald dichter, öffnet sich aber immer wieder für eine Aussicht auf die Klippen. In der Macchia geht es zunächst bergan, dann über Steinstufen bergab. An einer zu einer Treppe füh-

Unweit der Punta Mesca steht eine alte Kirchruine.

Von der Punta Mesca hat man eine tolle Aussicht auf die Cinque Terre.

renden Abzweigung wandern wir geradeaus vorbei und erreichen eine Teerstraße und somit die ersten Häuser von **Levanto** 2 (2:00 Std.).

Wir folgen der Straße noch ein Stück, um sie bald wieder nach links zu verlassen. Ein schöner Abstieg führt uns durch Trockenmauern und schließlich auf einem Asphaltweg zu einem Kastell aus dem 8. Jahrhundert.

Dort folgen wir links den Treppen zur Uferpromenade von Levanto. Wir gehen unter der Hochstraße hindurch und wenden uns dann gleich nach links, um auf einer parallel zum Meer verlaufenden Straße die Hauptstraße (grüne Autobahnschilder) zu erreichen. Hier schwenken wir nach rechts und folgen der Straße bis zum Ende der Alleebäume. Dort weist auch schon ein Schild in Richtung Bahnhof von **Levanto** E (3:00 Std.), dem Ziel unserer Tour.

Wer zuvor in Levanto baden möchte, findet ganz im Südosten und Nordwesten der langen Bucht Strände ohne Liegestuhlpflicht.

Mit fast 2000 Einwohnern ist Monterosso das größte Dorf der Cinque Terre und liegt im Gegensatz zu den anderen vier Orten an einer etwas breiteren Talmündung.

Der Ort besteht aus zwei Teilen, dem Zentrum an einem natürlichen kleinen Golf und, durch einen Tunnel erreichbar, dem Ortsteil Fegina mit seinem breiten Sandstrand und Strandboulevard.

Für kulturinteressierte Wanderer sehenswert sind das Castello von Monterosso, die dreischiffige Kirche San Giovanni Battista und der Konvent der Cappuccini, in dessen Kirche sich ein Gemälde von Van Dyck befindet.

Wer in Monterosso bleiben möchte, dem sei der gepflegte Campingplatz Acqua Dolce mit seinem netten Personal empfohlen. Von der an einem Hang gelegenen Anlage ist man in ca. fünf Minuten zu Fuß am Meer.

Und wieder können nicht nur Kids am Ziel der Tour baden.

Der beeindruckende Monte Groppo Rosso
am Talschluss von S. Stefano d'Aveto

RIVIERA DI LEVANTE
WEST

RIVIERA DI LEVANTE WEST

Von Moneglia bis Camogli mit Ligurischem Hauptkamm

Endlos grüne Bergflanken, so weit das Auge reicht, und dicht bebaute Küstenabschnitte an der Riviera di Levante: Die zweite Region dieses Reiseführers ist von großen landschaftlichen Gegensätzen geprägt, die einen Aktivurlaub aber dort auch besonders interessant machen.

Ganz im Osten des Ligurischen Hauptkammes liegt der Naturpark Aveto. In dieser im Winter recht schneereichen Gegend sind ausgedehnte Buchenwälder typisch. Die höchsten Gipfel des weiten Bergkessels von Santo Stefano d'Aveto sind die des Monte Maggiorasca (1804 m), Monte Penna (1735 m), Monte Groppo Rosso (1593 m) und Monte Aiona (1701 m). Diese Berge sind allesamt auf sehr schönen Wanderrouten zu erreichen, die keine technischen Anforderungen stellen. Ein Bergurlaub ist hier je nach Schneelage von Ende Mai bis Anfang November zu empfehlen und die Gegend selbst im Hochsommer bestimmt nicht besonders überlaufen.

Rückzugsraum für den Wolf

Neben den das Landschaftsbild beherrschenden Buchenwäldern,

aus denen die wenigen Felsgipfel umso beeindruckender aufragen, wachsen auch Eichen, Weißtannen und Eschen in den Bergwäldern. Nachdem Apenninwolf und das Rotwild dort fast ausgestorben waren, wurden sie wieder im Aveto-Park angesiedelt. Die Rückkehr des Wolfes hängt stark vom Rehbestand, der Hauptbeute des Wolfes, in der Region ab. In den letzten Jahren wurden verstärkt Rehe angesiedelt, um ein möglichst naturnahes Gleichgewicht herzustellen. Wildschweine, Füchse, Steinmarder und Eichhörnchen sind weitere typische Bewohner der dichten Bergwälder.

Im Naturpark Antola leben wieder Wölfe.

Abendstimmung bei Bavastrelli

Die Rückkehr des Wolfes freut freilich nicht die Bergbauern und Schaf-
hirten, die um ihre Tiere fürchten. Der Almwirtschaft sind übrigens die
Weideflächen beispielsweise rund um Amborasco zu verdanken, die zu
Beginn der Tour auf den Monte Aiona weite, freie Blicke ermöglichen.
Dort wachsen auch Haselbüsche und Kastanien, meist an den mit viel
Mühe aufgeschichteten, die Almwiesen begrenzenden Steinmauern.
Neben vielen endemischen Bergblumen (u. a. spezielle Arten von Pri-
mel, Akelei und Teufelskralle) ist das große Pilzvorkommen hervorzuheben. Im Spätsommer und Herbst findet man viele Steinpilze, die auch
in den Geschäften und Restaurants der Region (getrocknet oder frisch
zubereitet) angeboten werden.

An kulturellen Sehenswürdigkeiten hat das ligurische Hinterland (mit
Ausnahme der mächtigen Burg von Santo Stefano d'Aveto) in dieser
Region allerdings wenig anzubieten. Dafür bleibt man hier auch zur
Hochsaison vom Massentourismus bestimmt verschont und kann die
Ruhe und die Natur genießen.

Wenig frequentierte Wanderwege führen zum Monte Aiona.

Das nette Hüttenteam vom Rifugio Monte Antola.

Wichtiges Meeres-Schutzgebiet

Der westliche Teil der Riviera di Levante taucht mit nicht mehr ganz so steilen Hängen wie die Cinque Terre ins Mittelmeer hinab, weswegen die Küste zwischen Sestri Levante und Camogli auch deutlich dichter bebaut ist. Eine erfreuliche Ausnahme bildet hierbei der Monte Portofino, welcher als steile, 610 Meter hohe Halbinsel ins Meer ragt. Im angrenzenden Meeres- und Walschutzgebiet schwimmen bis heute Finnwal, Pottwal, Grindwal, Großer Tümmler und Delfin. Exemplare davon wird man allerdings nur mit sehr viel Glück bei einer der, vor allem im Frühjahr und Herbst, zu empfehlenden Wanderungen am Monte Portofino zu Gesicht bekommen.

Wer gerade keine Lust zum Wandern hat, der kann die wichtigsten Anlegestellen, von Portofino über San Fruttuoso bis Camogli, auch bequem mit einer stimmungsvollen Schiffahrt erreichen.

PARCO REGIONALE NATURALE DELL'ANTOLA

La Torriglietta, Via N.S. Provvidenza 3,
16029 Torriglia,
Tel. +39 10 944175,
www.parcoantola.it
Auch deutschsprachige Webseite mit vielen Informationen zum Naturpark Antola

Die meisten Touren sind gut markiert.

ENTDECKERREISE
... vom Aveto-Tal zum Monte Portofino

Dieser besonders abwechslungsreiche Tourenvorschlag führt von den Gipfeln des Naturparks Aveto hinab zu Wanderungen und Ausflugszielen im westlichen Teil der Riviera di Levante, die mit dem Schutzgebiet des Monte Portofino ihren Höhepunkt finden.

Da die Wanderungen und Ausflugsziele am Ligurischen Hauptkamm eher umständlich mit öffentlichen Verkehrsmitteln zu erreichen sind, empfehle ich für diese Entdeckerreise das eigene Auto. Von der A 15 (Parma–La Spezia) fährt man bei der Anschlussstelle Borgotaro ab und weiter nach Westen über Borgo (SP 523) und Bedonia (SP 4) zum Passo del Tomarlo, wo der wunderschöne weite Bergkessel von Santo Stefano d'Aveto bereits vor uns liegt. Selbst am späten Nachmittag lohnt sich hier der kurze Abstecher nach Süden zum Ausgangspunkt der Rundwanderung zum Monte Penna. Mit insgesamt 2,5 Stunden Gehzeit ist es genau die richtige Tour, um sich nach der langen Anreise noch ein wenig die Beine zu vertreten. Oben am Gipfel ist es sehr aussichtsreich.

Von einsamen Gipfeln ...

Im Anschluss fährt man am besten über das Bergdorf Amborzasco nach Gramizza hinab, wo nach rechts auf dem Weg nach San Stefano der nette Ort La Villa ein guter Spot zum Übernachten ist. In den folgenden beiden Tagen kann man dann von hier aus die Touren zum Monte Groppo Rosso und Monte Aiona unternehmen.

Nach so viel Bergluft wird es natürlich Zeit fürs Meer, das man von Santo Stefano über Rezzoaglio und dann entlang der SP 586, schließlich weiter auf der SP 225 bei Chiavari erreicht. Auf dem Weg dorthin sollte man unbedingt die

Straßenimpression in Campori

Der Felsgipfel des Monte Penna

Wanderung zum Monte Bregaceto mitnehmen, die bei der direkt an der Strecke gelegenen Ortschaft Campori beginnt.

... zu wunderschönen Küstenwanderungen

Am Meer angekommen, sollte man der Küstenstraße nach Osten zum nahe gelegenen Sestri Levante folgen, von wo aus die Tour zur Punta Manara sehr zu empfehlen ist. Diesen Ausflug kann man wunderbar mit einem Mittelmeerbad in der »Märchenbucht« und einem netten Altstadtbummel abschließen.

Folgt man der Küstenstraße am nächsten Tag nach Westen, gelangt man bald schon zum gewaltigen Monte Portofino. Hier bieten sich zwei in ihren Anforderungen recht unterschiedliche Möglichkeiten, zur einzigartigen Klosterbucht von San Fruttuoso zu wandern. Egal, ob man die leichtere Tour von Portofino oder die schwere von Camogli aus unternimmt: So oder so kann man mit einer wunderschönen Schifffahrt wieder zum jeweiligen Ausgangspunkt zurückgelangen.

Durch Amborazco wandert man zum
Monte Aiona.

Für die schnellste Rückreise nach Deutschland folgt man der Küstenautobahn nach Genua und weiter der A 7 in Richtung Mailand. Wer
das Glück hat, noch weitere Urlaubstage im Kofferraum zu haben, erkundet lieber das tolle Genua und seine umliegenden Berge. Denn von
Camogli aus ist es wirklich nur noch ein Katzensprung zur ligurischen
Hauptstadt.

Sowohl mit dem Auto als auch mit Bus oder Bahn ist man in einer
guten halben Stunde in der ligurischen Hauptstadt, weswegen man
die Gegend rund um Camogli durchaus als Stützpunkt anvisieren kann.

Und wieder können nicht nur Kids am Ziel der Tour baden.

WICHTIGE ADRESSEN

INFORMATIONSSTELLEN

Parco Naturale Regionale dell'Aveto, Via Marrè 75 a, 16041 Borzonasca, Tel. +39 185 340311, www.parcoaveto.it
Auch deutschsprachige Webseite mit vielen Informationen zum Naturpark Aveto (Touren 14–16)

Schifffahrtslinie Golfo Paradiso, Via Piero Schiaffino 14/5, 16032 Camogli, Tel. +39 185 772091, www.golfoparadiso.it
Auf drei Linien werden alle wichtigen Orte zwischen Genua und Portovenere angefahren (Touren 22–26).

Parco di Portofino, Viale Rainusso 1, 16038 Santa Margherita Ligure, Tel +39 185 289479, www.parcoportofino.it
Alle wichtigen Informationen zum Schutzgebiet am Monte Portofino (Touren 22–25)

ESSEN &TRINKEN

Ristorante dei Fieschi, Via Albino Badinelli 30, 16049 Santo Stefano d'Aveto, Tel. +39 185 887021
Rustikales Restaurant mit schöner Aussicht und Schwerpunkt auf gegrilltem Fleisch (Tour 14)

Montesanto, Località la Villa 67, 16049 Santo Stefano d'Aveto, Tel. +39 185 899262
Gute Trattoria mit toller Aussicht auf der Anreise nach Santo Stefano bzw. nach dem Monte Aiona (Touren 14 und 16)

Fontana & Fugazzi, Località Gramizza 16, 16049 Santo Stefano d'Aveto, Tel. +39 185 899010
Nette Bar am Ausgangspunkt mit leckerem Schinken-Aufschnitt. Direkt daneben kann man vor der Tour auch Proviant einkaufen. (Tour 16)

Focaccia d'Autore, Corso Colombo 17, 16039 Sestri Levante
Besonders leckere Foccaceria, bei der man auch sehr guten Schinken und Käse vor der Tour einkaufen kann (Touren 20 und 21)

La Cantina, Via San Fruttuoso di Camogli 19, 16032 Camogli, Tel. +39 185 772626
Angesichts der einmaligen Lage nettes Personal, vertretbare Preise und recht gute Fischgerichte (Touren 22, 23 und 25)

Oft führen die Wege durch alte Bergdörfer.

Osteria Nonna Nina, Via Franco Molfino 126, 16032 San Rocco, Tel. +39 185 773835, www.nonnanina.it
Gute, lokale Küche in ursprünglicher Atmosphäre und mit sehr netten Wirtsleuten (Tour 25)

Pasta Fresca Fiorella, Via Garibaldi 189/191, 16032 Camogli, Tel. +39 185 771096
Nudelgeschäft, in dem man gegen Mittag die leckeren und variations-reichen Teigprodukte auch heiß erstehen kann (Tour 26)

ÜBERNACHTEN

Rifugio Monte Penna, Casermette Monte Penna, 16049 Santo Stefano d'Aveto, Tel. +39 185 1676495, www.rifugiocasermettedelpenna.com
Ehemaliges Forsthaus mit schön renovierten Übernachtungszimmern (Tour 15)

Camping Smeraldo, Località Preata, 16030 Moneglia, Tel. +39 185 49375, www.villaggiosmeraldo.it
Einfach, dafür aber im Gegensatz zu den meisten Campingplätzen der Steilküste direkt am Meer gelegen (Tour 19)

14 ZUM MONTE GROPPO ROSSO

Steile Gipfelfelsen mit grandioser Aussicht

Beeindruckend ragen die Felswände des Groppo Rosso über Santo Stefano d'Aveto auf. Bei dieser nicht besonders langen, dafür aber sehr abwechslungsreichen Rundtour folgen nach einem Aufstieg durch schönen Buchenwald großartige Panoramablicke in die umliegenden Täler.

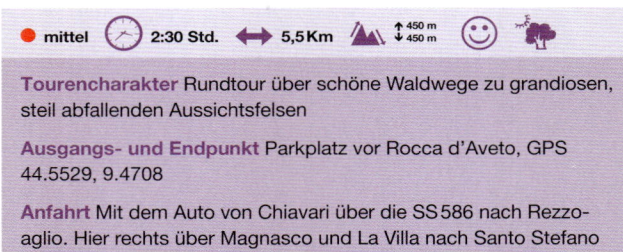

● mittel   🕐 2:30 Std.   ◄► 5,5 Km   ⛰ ↑ 450 m ↓ 450 m   😊   🌳

Tourencharakter Rundtour über schöne Waldwege zu grandiosen, steil abfallenden Aussichtsfelsen

Ausgangs- und Endpunkt Parkplatz vor Rocca d'Aveto, GPS 44.5529, 9.4708

Anfahrt Mit dem Auto von Chiavari über die SS 586 nach Rezzoaglio. Hier rechts über Magnasco und La Villa nach Santo Stefano d'Aveto. Weiter der Beschilderung »Rocca d'Aveto« folgen

Einkehr Unterwegs keine

Der Wegverlauf

Vom **Parkplatz direkt vor Rocca d'Aveto** A laufen wir die Straße ein Stück bis zu einem großen Felsen zurück. Hier gehen wir rechts und an einer Gabelung gleich wieder halb rechts (Wegweiser »Anello Groppo Rosso«, auf der ganzen Rundtour Markierung A 14). Auf einem Fußweg geht es in den Wald und auf einem Fahrweg an Häusern vorbei. Zwei Abzweigungen nach rechts ignorieren wir und wandern geradeaus auf einem gepflasterten Fahrweg bergan. Bei einer Gabelung folgen

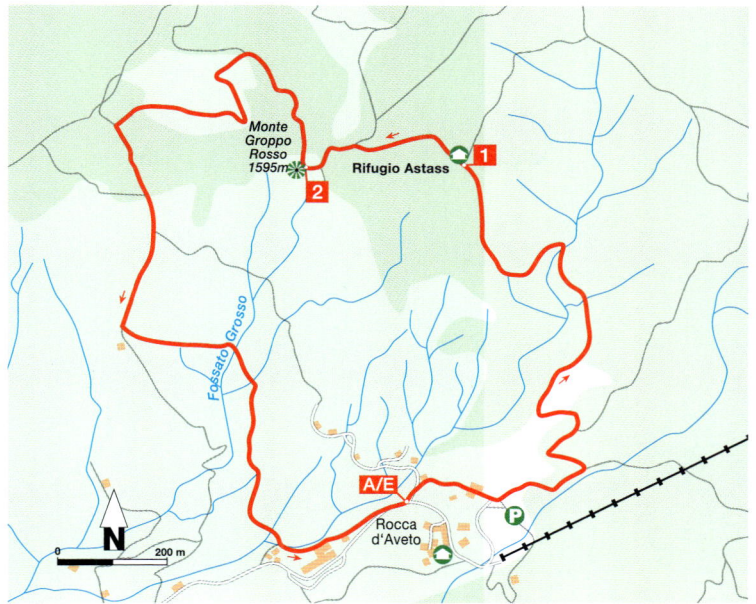

wir links dem Holzschild und steigen auf einem Natursteinpflasterweg steiler bergan.

Wunderschöner Buchenwald

Der Weg wird zum Erdweg und kommt an einem Brunnen vorbei, der zumindest noch im Frühsommer meistens gutes Trinkwasser bietet. Kurz danach zweigen wir links in einen beschilderten schmaleren Bergweg ab. Ab jetzt ist der Weg auch rot markiert und führt durch Ginsterhänge in niedrigen Buchenwald. Die Buche, die nicht nur für den Aveto-Naturpark typisch ist, wächst in Ligurien meist in einer Höhe von ca. 1000 Metern. Gerade im Sommer wird man über die schattenspendenden Bäume dankbar sein.

Der sehr schöne Waldweg ist nun ein Stück lang steiler, wird dann im Hochwald flacher und führt ohne Orientierungsprobleme zum (unbewirtschafteten) **Rifugio Astass** **1** (1:15 Std.). An diesem laufen wir geradeaus vorbei, es geht leicht bergab und wir kommen an eine Weg-

Steil brechen die Gipfelfelsen ins Aveto-Tal ab.

kreuzung. Hier darf man sich nicht wundern, dass »Groppo Rosso« nicht mehr angeschrieben ist.

Panorama XXL

Wir folgen dem Hauptweg in gleicher Richtung leicht bergan und kommen aus dem Wald heraus, wo wir die drei Gipfelkuppen des **Groppo Rosso** 2 (1:30 Std.) vor uns sehen. Die steil nach Süden abbrechenden Konglomeratfelsen bieten ein tolles Panorama. Die beste Aussicht hat man vom linken der drei Felsen, welcher zugleich mit knapp 1600 Metern der höchste von ihnen ist. Besonders markant ist im Süden der Felsgipfel des Monte, den man (vielleicht schon am nächsten Tag) ebenfalls besteigen sollte.

Nach der ausgiebigen Panoramapause wandern wir zum Hauptweg zurück, der durch einen schmalen Einschnitt nach Nordwesten führt. Sogleich wieder im Wald, geht es über einen schönen Hohlweg zügig bergab. Wir kommen an eine Gabelung und folgen dem Wegweiser

»Santo Stefano d'Aveto« nach links. Kurz ist der Pfad undeutlich, dann führt er unübersehbar durch Ginsterhänge, lichten Wald und schließlich in einer Querung in den Wald hinein. Hier stoßen wir auf einen etwas breiteren Weg und folgen diesem (beschildert) nach links.

Eine perfekte Runde

Wir kommen aus dem Wald heraus, wandern durch Erika und bald schon auf einem erodierten Karrenweg. An einem Brunnen zweigt der Weg (markiert) nach links ab und führt als Fußweg an einem Zaun entlang in den Wald. Immer in der gleichen Richtung geht es aus dem Wald wieder heraus und wir gelangen zu einem Gatter, von wo aus man noch einmal einen tollen Blick zurück auf die Felswände des Monte Groppo Rosso hat. Schließlich führt der Weg bis kurz vor die Autostraße Santo Stefano d'Aveto–Rocca d'Aveto, wo wir uns nach links wenden. Zum Schluss steigen wir noch einmal einige Meter an und gelangen parallel zur Straße auf schönem Weg zurück zum **Parkplatz** **E** (2:30 Std.).

Schlemmen im Aveto-Tal

Wer diese schöne Runde in der zweiten Augusthälfte geht, entdeckt auf dem Weg vielleicht hier und da Steinpilze, die zu dieser Zeit in den Buchenwäldern rund um das Aveto-Tal bekanntermaßen zuhauf wachsen. In den Küchen der Restaurants der Umgebung werden dann natürlich nicht getrocknete, sondern frische Pilze verwendet. Sehr gut haben uns die Bandnudeln mit Steinpilzsauce im Ristorante Montesanto in La Villa geschmeckt, das auf der Strecke von Santo Stefano d'Aveto nach Gramizza liegt. Zur Trattoria gehört auch ein einfaches, aber nettes Albergo.

La Villa ist ohnehin ein guter Stützpunkt für die umliegenden Touren des Aveto-Tales. In dem kleinen Ort geht es auch zur Hochsaison eher ruhig zu und man hat einen schönen Blick.

Madonna am Wegesrand

103

15 ZUM GIPFEL DES MONTE PENNA

Wandern auf Hannibals Spuren

»In der Kürze liegt die Würze« – zutreffender kann man diese wunderbare Runde nicht beschreiben. Nach dem nur einstündigen Anstieg folgt ein kurzer Klettersteig, dann bietet sich auf dem Gipfel der vielleicht schönste Blick über das gesamte Aveto-Tal.

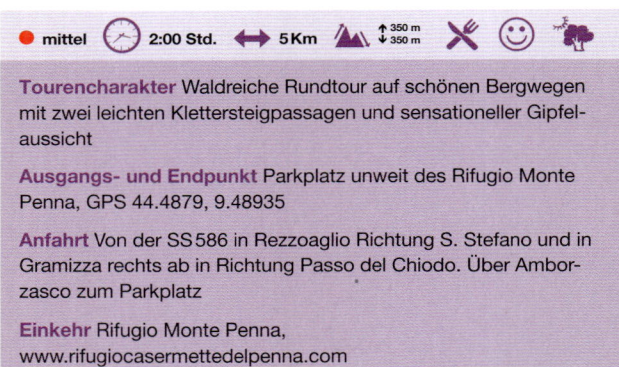

● mittel ⏱ 2:00 Std. ↔ 5 Km ⛰ ↑ 350 m ↓ 350 m 🍴 ☺ 🌲

Tourencharakter Waldreiche Rundtour auf schönen Bergwegen mit zwei leichten Klettersteigpassagen und sensationeller Gipfelaussicht

Ausgangs- und Endpunkt Parkplatz unweit des Rifugio Monte Penna, GPS 44.4879, 9.48935

Anfahrt Von der SS 586 in Rezzoaglio Richtung S. Stefano und in Gramizza rechts ab in Richtung Passo del Chiodo. Über Amborzasco zum Parkplatz

Einkehr Rifugio Monte Penna, www.rifugiocasermettedelpenna.com

Picknick-platz 1400 m **A** — Monte Pena 1735 m **1** — Passo del'Incisa 1468 m **2** — Picknick-platz 1400 m **E**

1700 1600 1500

0 1 2 3 4 5 6 km

Der Wegverlauf

Die Wanderung beginnt am **Wanderparkplatz A** unweit des Rifugio Monte Penna. Wir folgen der Teerstraße ein Stück nach Süden, um sogleich links in den Weg zum Monte Penna abzuzweigen (Markierung: gelbes Dreieck). Zunächst wandern wir flach durch den Buchenwald, bis es nach einer Gabelung (hier links) etwas steiler bergan geht. An der nächsten Gabelung halten wir uns rechts.

Wir kommen an ersten Felsen vorbei, wenden uns an einem Waldsattel nach rechts und folgen einem sehr schönen Waldrücken. Bald treten wir aus dem schattenspendenden Blätterdach heraus und stehen an einer Scharte vor dem felsigen Gipfelaufbau des Monte Penna. Über eine felsige Rampe gewinnen wir schnell an Höhe, wobei man Eisenketten zuhilfe nehmen kann. Auf der rechten Seite geht es sehr steil bergab. Deswegen sollte man bei Nässe sehr gut auf seine Schritte achten und gegebenenfalls kleinere Kinder an die Hand nehmen. Klettertechnisch stellt die Stelle aber keinerlei Probleme dar.

Die Rundtour verläuft durch schöne Buchenwälder.

Beim Gipfelanstieg helfen solide Stahlketten.

Grenzgipfel mit Historie

Kurz vor Erreichen des Gipfels meistern wir, indem wir uns links halten, noch eine ganz kurze Kletterstelle (ebenfalls mit Eisenketten gesichert) und stehen auch schon vor der Marienstatue und der kleinen Kapelle am höchsten Punkt des **Monte Penna** **1** (1:00 Std.), der genau auf der Grenze zwischen Ligurien und der Emilia-Romagna liegt. Das 360°-Panorama reicht von den nahe gelegenen Bergen Monte Aiona und Monte Maggiorasca bis zu den weiter entfernten Gipfeln der Apuanischen Alpen. Der Sage nach betete hier der Feldherr Hannibal vor einer entscheidenden Schlacht zu seinem Gott Penh – daher der Name.

Für den Abstieg gehen wir ein kurzes Stück zurück, wenden uns gleich nach links und folgen den Markierungen (gelbes Quadrat und Kreuz) hinunter in zunächst niederen Buchenwald. Der sehr schöne, knieschonende Abstieg führt dann durch höheren Buchenwald zum **Passo dell'Incisa** **2** (1:40 Std.), wo wir auf eine breite Forststraße stoßen. Dieser folgen wir nach rechts, eine spätere Abzweigung nach rechts ignorierend, bis wir auf eine Teerstraße treffen. Hier gehen wir nach rechts und erreichen bald wieder unseren **Ausgangspunkt** **E** (2:00 Std.).

Von diesem Bergsattel ist der Gipfel nicht mehr weit.

16 AUF DEN MONTE AIONA

Einsame Waldwege auf weitläufigem Gipfel

Den Südkamm des Aveto-Tals bilden die ungleichen Brüder Monte Penna und Monte Aiona. Während Erstgenannter als felsiges Gipfeldreieck in den Himmel ragt, fühlt man sich auf dem breiten Plateau des Aiona beinahe wie im schottischen Hochland.

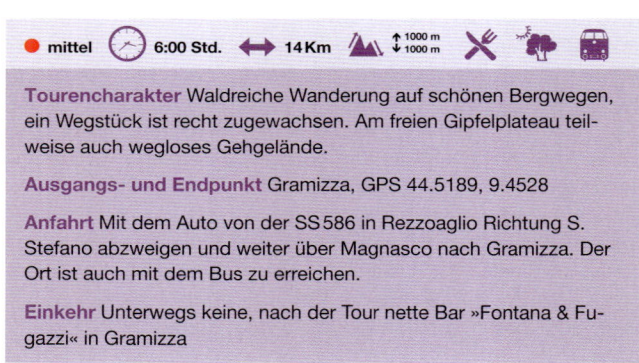

● mittel   🕐 6:00 Std.   ↔ 14 Km   ↗ 1000 m / ↓ 1000 m   🍴   🌳   🚌

Tourencharakter Waldreiche Wanderung auf schönen Bergwegen, ein Wegstück ist recht zugewachsen. Am freien Gipfelplateau teilweise auch wegloses Gehgelände.

Ausgangs- und Endpunkt Gramizza, GPS 44.5189, 9.4528

Anfahrt Mit dem Auto von der SS 586 in Rezzoaglio Richtung S. Stefano abzweigen und weiter über Magnasco nach Gramizza. Der Ort ist auch mit dem Bus zu erreichen.

Einkehr Unterwegs keine, nach der Tour nette Bar »Fontana & Fugazzi« in Gramizza

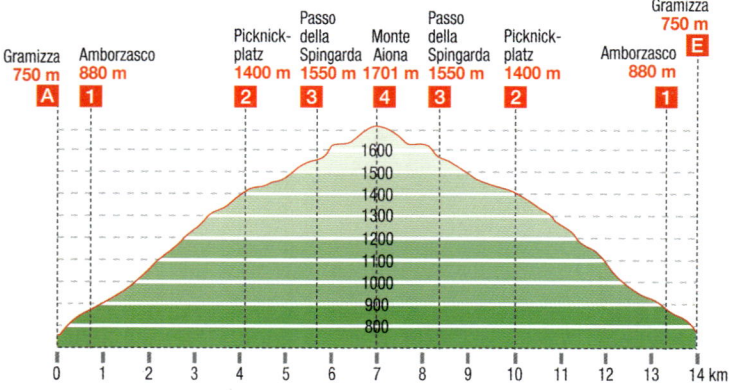

108

Der Wegverlauf

Wir parken am Parkplatz gegenüber der kleinen **Bar von Gramizza** , wo man noch einen Cappuccino trinken und im Alimentari nebenan Proviant kaufen kann. Dann folgen wir der Straße, überqueren eine Brücke und zweigen sofort rechts, einem verrosteten Geländer folgend, in den Weg mit dem Hinweis »Monte Aiona 3:15« ab.

Auf einem alten Naturpflasterweg geht es steil bergan. Wir stoßen auf eine Straße, folgen dieser kurz nach rechts und biegen gleich wieder links in einen Fußweg ab (gelber Winkel an Leitplanke). Zwischen schönen Weiden wandern wir auf das Bergdorf Amborzasco zu (einmal wird die Straße gequert).

Durch idyllische Almwiesen

An der großen **Kirche** 1 (0:30 Std.) zweigen wir rechts von der Straße ab und folgen einem mit Natursteinen gepflasterten Weg, in den zwei Fahrstreifen einbetoniert sind. Wir laufen durch einen Torbogen und wandern zwischen Trockenmauern aus dem Ort hinaus. Bald erreichen wir eine Kapelle und folgen zunächst weiter dem breiten Weg. Dann müssen wir aufpassen: Nach ca. 200 Metern biegen wir links in einen kleineren, kaum erkennbaren, weil etwas zugewachsenen Weg ein (wieder gelber Winkel an Stein sowie Steinmännchen), der ebenfalls von Mäuerchen begrenzt ist. Dieser Wegabschnitt ist eingewachsen und führt an Felsblöcken und Steinhäuschen vorbei in den Wald, wo der Weg deutlicher wird. Wir durchqueren ein Gatter und gehen einen Bach entlang. Nachdem wir aus dem Wald herausgetreten sind, quert der Pfad ein Bächlein und wird zu einem breiteren alten Karrenweg. Hier haben wir schöne Blicke auf den Monte Aiona und die umliegenden Berge. Auch der Monte Penna ist hier und da zu sehen.

Der Gipfelanstieg führt über eine weite Hochfläche.

Im vitalen Bergwald

Wir durchschreiten ein Holztürchen, gelangen in den Wald (in dem hier neben Buchen auch die für ligurische Bergwälder typischen Weißtannen wachsen) und steigen auf noch breitem Weg bergan. Kurz danach müssen wir wieder aufpassen, denn es biegt von dem breiten Weg links ein Pfad ab (wieder gelber Winkel), dem wir ein Stück lang steiler folgen. Der Wald wird lichter, der Weg breiter (alter Fahrweg) und bietet schöne Ausblicke unter anderem auf den Monte Penna. Schließlich erreichen wir eine Lichtung, wo hinter einem Bach **Picknickbänke** **2** stehen (2:30 Std.).

Oberhalb der Lichtung befindet sich eine Forststraße, an deren Gabelung nach links Holzwegweiser Richtung »Passo Spingarda« und »Monte Aiona« stehen. Diesen folgen wir und wandern ein längeres Stück auf breiter, aber vergleichsweise schöner Forststraße zum **Passo della Spingarda** **3** (3:00 Std.) hinauf, wo wir auf den Weitwanderweg »Alta Via dei Monti Liguri« (AV) stoßen.

Im schottischen Hochland?

Hier wenden wir uns nach rechts und folgen (oft weglos) den Markierungen. Auf dem weiteren Anstieg begleiten uns kleine Buchenhaine, bevor wir das Hochplateau des Monte Aiona erreichen, das fast den Charme nordeuropäischer Hochländer verströmt. Die vielen Markierungen und Holzpflöcke sind hier bei Nebel eine wertvolle Orientierungshilfe.

Zum eigentlichen Gipfel des **Monte Aiona** **4** (3:30 Std.), der dank eines Kreuzes als solcher erkennbar ist, zweigt ein kurzer (markierter) Abstecher rechts vom AV-Hauptweg ab. Richtiges Gipfel-Feeling kommt am höchsten Punkt allerdings nicht unbedingt auf. Hierfür sollte man noch etwa fünf Minuten nach Norden zu den Nordabstürzen des Gipfelplateaus gehen (hier stehen Holzstangen), wo man einen tollen Tiefblick auf den weiten Talkessel und auch den zurückgelegten Aufstieg hat.

Auf gleichem Weg geht es zum Ausgangspunkt in **Gramizza** **E** (6:00 Std.) zurück.

Im ersten Teil der Tour wandert man an einem schönen Bach entlang.

17 ZUM MONTE BREGACETO

Ein Aussichtsgipfel mit Bademöglichkeit

Im Gegensatz zu fast allen anderen Ausflüglern wandern wir zu Fuß zum Lago di Giacopiane hinauf. Und zwar auf einsamen, teilweise ziemlich zugewachsenen Wegen durch schattigen Wald und über sonnige Wiesen.

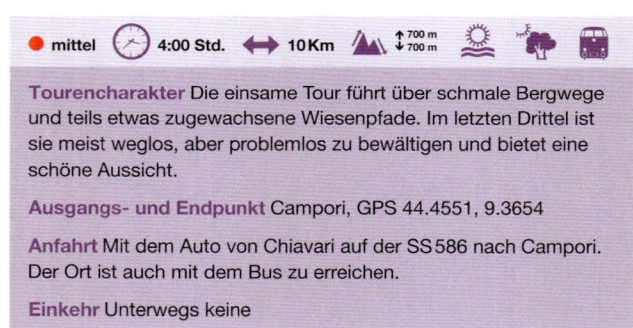

● mittel 🕐 4:00 Std. ↔ 10 Km ↑700 m ↓700 m

Tourencharakter Die einsame Tour führt über schmale Bergwege und teils etwas zugewachsene Wiesenpfade. Im letzten Drittel ist sie meist weglos, aber problemlos zu bewältigen und bietet eine schöne Aussicht.

Ausgangs- und Endpunkt Campori, GPS 44.4551, 9.3654

Anfahrt Mit dem Auto von Chiavari auf der SS 586 nach Campori. Der Ort ist auch mit dem Bus zu erreichen.

Einkehr Unterwegs keine

Der Wegverlauf

Bei den Vorplanungen zu diesem Buch wollte ich diese Tour eigentlich unberücksichtigt lassen, weil bei meinem letzten Besuch der Anstieg fast nicht mehr zu sehen war. Im Jahr 2017 stellte sich zum Glück aber heraus, dass der Weg mittlerweile viel besser markiert ist. Etwas Orientierungsvermögen schadet dennoch nicht.

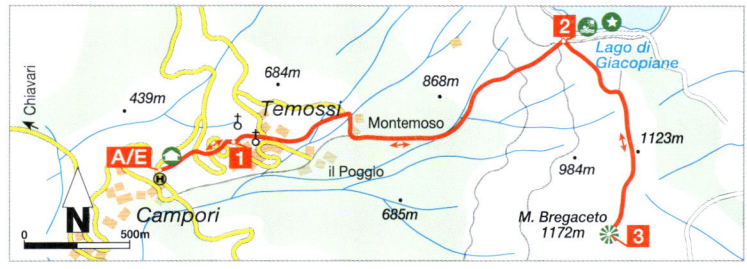

Beim letzten großen Haus von **Campori** A zweigen wir von der Straße rechts auf eine Steintreppe ab (hier erste Markierung), die in einen Fuß-weg mündet. Diesem folgen wir geradeaus bergauf, wobei wir drei-mal die Straße kreuzen. Beim vierten Mal folgen wir der Straße nach links, um sie wieder links auf einer Steintreppe zu verlassen. Es folgt ein schmaler Fußweg entlang von Steinmauern, der kurz vor dem Ort Temossi mit Farnen zugewachsen ist. Am **Kirchplatz von Temossi** 1 (0:20 Std.) sehen wir das Ziel, den Monte Bregaceto, schon vor uns

Der Stausee am Monte Bregaceto hat oft genug Wasser zum Baden.

Die letzten Meter zum Gipfel

aufragen. Wir folgen der Teerstraße kurz nach rechts und biegen gleich links in einen Fußweg ein. Zwischen den Häusern des kleinen Bergdorfes geht es aus dem Ort heraus und etwas steiler zu einer Teerstraße, der wir rechts folgen. Sie führt zu weiteren Häusern, bei denen wir links durch einen Torbogen gehen. An einem roten Haus wandern wir links, dann führt der Weg steiler bergan. Wir stoßen auf einen flachen Fahrweg (hier rechts), der am Waldrand in einen alten Maultierpfad mündet.

Einsamer Anstieg durch Wald und Farnhänge

Der Pfad führt durch den Wald (einmal gut aufpassen: Kurve an umgestürzten Baum, unter diesem muss man durch) und quert unterhalb einer Felswand weiter bergan.

Wieder in mehr oder weniger lichtem Wald, wandern wir angenehm bergan, bis wir auf eine große Farnwiese gelangen, wo wir gut auf die Markierungen und Holzpflöcke achten sollten. In der Mitte der

Farnhänge müssen wir bei einem Holzpflock besonders gut aufpassen. Hier weist ein kleiner Pfeil eigentlich direkt nach oben. Wir müssen aber kurz nach links schwenken, einen (oft trockenen) Bacheinschnitt queren und gleich wieder rechts hochgehen. Dann sehen wir auch schon den nächsten Holzpflock.

Schließlich wird der Weg wieder freier und deutlicher und wir treffen auf einen Fahrweg. Er bringt uns gerade auf einen Mauerrest zu, von wo wir den **Lago di Giacopiane** **2** (1:45 Std.) bereits vor uns sehen.

BADEVERGNÜGEN

Der Lago di Giacopiane bietet sich für den Rückweg als Badestopp an. Dabei gilt: Stauseen sind nur dann wirklich schön zum Baden, wenn sie möglichst voll sind, weshalb keine längere Trockenperiode herrschen sollte.

Kleiner Berg mit großer Aussicht

An dem Mauerrest wenden wir uns, den Markierungen folgend, nach rechts. Nun zumeist weglos geht es entlang der Markierungen über weite, lichte Rosenbuschhänge nach Osten leicht bergan. Wir gelangen auf einen schönen Bergrücken und folgen diesem nach Süden, laufen somit direkt auf den Monte Bregaceto zu. Ganz zum Schluss geht es noch einmal steiler bergan. Auch jetzt noch müssen wir immer gut auf Markierungen achten, da der Pfad sehr schmal ist. Schließlich erreichen wir den **höchsten Punkt** **3** (2:15 Std.), auf dem nur ein kleines Steinmännchen steht. Trotz der geringen Höhe von 1175 Metern bietet der Berg eine grandiose Aussicht, die bei klarer Luft bis zum Meer reicht.

Auf gleichem Weg wandern wir nach **Campori** **E** (4:00 Std.) zurück, wobei wir, vor allem bei der Farnwiese, wieder gut auf die Markierungen achten.

Der hübsche Kirchturm von Temossi

18 AUF DEN MONTE PORCILE

Panoramagipfel mit hohem Ausgangspunkt

In Ligurien gibt es viele mit dem Auto erreichbare Bergpässe, die gute Ausgangspunkte für Panorama-Bergtouren sind. Vom Monte Porcile aus hat man eine wunderbare Aussicht auf den Ligurischen Hauptkamm im Norden und auf die Küste mit der Portofino-Halbinsel im Südwesten.

 leicht 3:00 Std.  8 Km ↑ 400 m ↓ 400 m

Tourencharakter Aussichtsreiche Wanderung, allerdings zum großen Teil auf breiten Fahrwegen, Gipfelanstieg über schöne Bergwege

Ausgangs- und Endpunkt Passo del Bocco, GPS 44.3240, 9.5028

Anfahrt Mit dem Auto bei Sestri Levante der Beschilderung nach Casarza Ligure folgen, hinter dem Ort in Richtung Castiglione Chiavarese, dann links ab nach Bargone. Dort verweisen Wegweiser auf die Schotterstraße zum Pass.

Einkehr Unterwegs keine

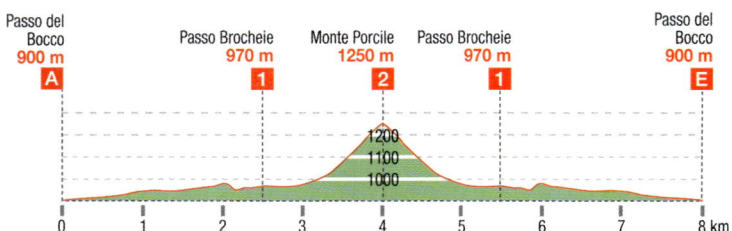

Der Wegverlauf

Am Parkplatz beim **Passo del Bocco** `A` folgen wir dem breiten Fahrweg in Richtung Norden halb links bergan (rot-weiß markiert) und haben sogleich eine tolle Aussicht auf den Monte Porcile direkt vor uns. An einer Gabelung unterhalb von Stromleitungen gehen wir in einer Kurve geradeaus und folgen einer etwas schmaleren, aber immer noch breiten Fahrstraße. Diese umgeht zwei Bergrücken einmal auf der

West- und einmal auf der Ostseite und bleibt somit ungefähr auf immer derselben Höhe.

Der Weg führt kurz durch lichten Buchenwald zu einem breiten Bergsattel, der in der Karte als **Passo Brocheie** **1** (1:00 Std.) markiert ist. Von dem Sattel wandern wir weiter in nördliche Richtung zum Fuß des vor uns aufragenden Gipfelhangs. Der markierte Weg teilt sich: Wir nehmen den halb rechten Pfad und laufen auf ein Haus mit Sendemast zu. Vor diesem geht es nach links weiter, dann wieder nach rechts auf einen alten Fahrweg.

Wegen der Südexposition und Baumfreiheit kann es im Sommer hier recht heiß werden.

Der Großteil des Anstiegs verläuft auf Fahrwegen.

Der felsige Gipfelaufbau des Monte Porcile

Steilerer Schlussanstieg

Wir folgen seinen flachen Serpentinen bis zu einem Steinmännchen vor einer Erosionsrinne und steigen dann links auf der Wegspur steiler bergan (nicht markiert, aber deutlich). Zum Schluss verlaufen sich die Pfadspuren und wir stehen wenig später auf dem breiten Grasgipfel, von wo aus wir schnell das Gipfelkreuz des 1249 Meter hohen **Monte Porcile** **2** (1:45 Std.) erreichen.

Auf demselben Weg kehren wir zum Ausgangspunkt am **Passo del Bocco** **E** zurück (3:00 Std.).

Selbst zur Hochsaison wird man auf dem abgelegenen Pass nicht auf Menschenmassen treffen, weswegen es

---

HINWEIS

Am Monte Porcile hat man gute Chancen, selbst am Wochenende allein zu sein. Allerdings sollte man die Schotterstraße zum Passo del Bocca bestimmt nicht mit einem tiefergelegten Sportwagen befahren.

keine schlechte Idee ist, sich ein leckeres Picknick mitzunehmen und die Tour auf einer der umliegenden Bergwiesen ausklingen zu lassen.

Zudem bietet es sich an, den Urlaubstag im nicht sehr weit entfernten Sestri Levante zu beenden, wo man vor dem Essen zum Beispiel noch am hübschen Baia del Silenzio ins Meer springen kann.

Im Gegensatz zu den meisten anderen Stränden in Ligurien findet man hier einen Sandstrand vor und hat zudem eine schöne Aussicht in Richtung Punta Manara. Wer Abendsonne möchte, badet hingegen auf der anderen Seite an der Baia delle Favole.

VARIANTE

Wer lieber seine Muskeln statt den Automotor bemüht, kann auch in Bargone starten. Bei der Abzweigung Richtung »Bocca« bzw. »Maissana« fährt man ein kurzes Stück nach links in die Via Costa del Borgano. Dort parkt man und folgt einem zwischen Steinmauern bergwärts führenden Weg. Auch auf dem unteren Abschnitt besteht hier die Markierung aus roten Dreiecken (zusätzlicher Zeitbedarf 1:45 Std. sowie 600 Hm mehr).

Für Blumenliebhaber ist der Mai die beste Wanderzeit.

19 KÜSTENTOUR AM MONTE MONEGLIA

Waldreiche Wanderung zum Torre di Punta Baffe

Auch westlich der Cinque Terre führen, wie an der Costa di Punta Baffe, schöne Wanderungen durch das Küstengebirge. Die meisten Bergsteiger lassen diese Gegend allerdings links liegen und so begegnet man auch an schönen Wochenenden wenigen Menschen.

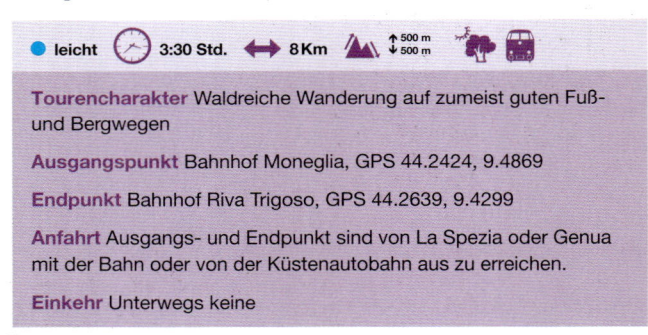

● leicht 🕐 3:30 Std. ↔ 8 Km ⬆ 500 m ⬇ 500 m

Tourencharakter Waldreiche Wanderung auf zumeist guten Fuß- und Bergwegen

Ausgangspunkt Bahnhof Moneglia, GPS 44.2424, 9.4869

Endpunkt Bahnhof Riva Trigoso, GPS 44.2639, 9.4299

Anfahrt Ausgangs- und Endpunkt sind von La Spezia oder Genua mit der Bahn oder von der Küstenautobahn aus zu erreichen.

Einkehr Unterwegs keine

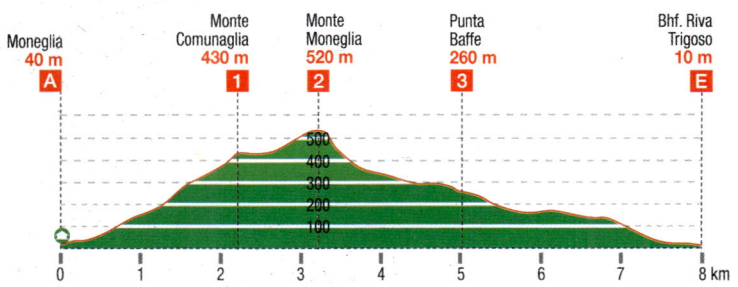

Der Wegverlauf

Am Bahnhof in **Moneglia** A folgen wir der Straße in Richtung Meer, bis an einer Treppe Schilder die Richtung zum »Monte Moneglia« weisen (Markierungen zwei rote Andreas-Kreuze). Wir zweigen hier rechts ab, stoßen wieder rechts auf eine Asphaltstraße und gehen an einer Mauer entlang und an einem Abzweig an einer Kehre halb rechts.

Auf den Hausberg Moneglias

Wir wandern weiter die Teerstraße hinauf, verlassen den Ort und durchqueren Olivenhaine. Schließlich treffen wir am Ende der Straße auf einen schmalen Hohlweg, dem wir folgen. An einer Gabelung halten wir uns links. Durch Pinienwald geht es stetig bergan. An einem Schild mit Symbolen (»Kein Feuer machen« etc.) trennen sich die Wege zur Punta Baffe bzw. zum Monte Moneglia. Wir folgen einem schmaleren Weg rechts steiler bergauf (Markierung: zwei rote Andreaskreuze), ignorieren eine

Der Startpunkt Moneglia besitzt einen Sandstrand.

Kurz vor dem Gipfel des Monte Moneglia

Abzweigung zur Punta Moneglia und gehen auf dem nun flacheren Rücken weiter geradeaus. Bald stehen wir unterhalb des **Monte Comunaglia** 1 (1:45 Std.), wo sich bereits schöne Aussichten bieten.

Danach wandern wir in leichtem Auf und Ab durch Farn und Erika hindurch (bei der Weggabelung nach links) und nach einem kurzen Anstieg stehen wir auch schon an der Picknickbank kurz unterhalb des **Monte Moneglia** 2 (2:00 Std.). Dieser ist zwar kein frei aufragender Gipfel, bietet aber zwischen zumeist eher niedrigem Wald und Buschwerk schöne Aussichten auf das Meer und die umliegenden Küstenhänge.

Zu einem historischen Wachturm

Am höchsten Punkt laufen wir kurz in Richtung »Casarza Ligure« und zweigen dann links Richtung »Riva Trigoso« ab. Der Weg ist zunächst steinig und steil, dann geht es wieder flacher und breiter dahin. Wir stoßen auf einen Querweg, schwenken hier links und stehen bald an einem Picknickplatz. Auf einem schönen Weg wandern wir nun geradeaus immer in Richtung Meer, folgen bei einer Abzweigung links dem Schild »Torre« und stehen kurz danach vor dem angekündigten Turm. Wie die meisten Wachtürme der ligurischen Küste wurde auch das Bauwerk an der **Punta Baffe** `3` (2:45 Std.) in der Zeit der Sarazeneneinfälle gebaut. Ab 800 n. Chr. wurde die ligurische Küste immer wieder von islamischen Sarazenen überfallen, die von Sardinien aus Ligurien und das Piemont teilweise sogar entvölkerten und bis in das Gebiet der heutigen Schweiz vorstießen.

Nach Riva Trigoso

Wir gehen vom Turm an der Punta Baffe ein kurzes Stück zurück und wenden uns dann nach links in Richtung »Riva Trigoso«. Der Weg wird bald ein breiter Fahrweg und es bieten sich immer wieder reizvolle Ausblicke auf den Monte Moneglia und auf das Meer. Den Fahrweg können wir bei drei Schleifen jeweils abkürzen. Schließlich stoßen wir auf eine asphaltierte Straße, die wiederum zu einer größeren Straße führt. Hier wenden wir uns nach rechts, gehen unter den Gleisen hindurch und eine Treppe hinauf. Parallel zu den Gleisen bzw. zur Straße erreichen wir kurze Zeit später das weiße Bahnhofsgebäude von **Riva Trigoso** `E` (3:30 Std.).

Der Ort selbst ist von der größten Werft an der ligurischen Küste geprägt, was ihn nicht besonders reizvoll macht. Allerdings gibt es im Westteil des Ortes einen recht schönen und für ligurische Verhältnisse weiten Badestrand.

Trotzdem ist es besser, sich als Urlaubs-Stützpunkt entweder Mongelia oder das besonders schöne Sestri Levante zu wählen. Zu beiden Orten gelangt man von Riva Trigoso aus ohne längere Wartezeiten mit dem Zug. Ein netter, direkt am Meer befindlicher Campingplatz ist übrigens Camping Smeraldo, den man östlich von Moneglia über einen Straßentunnel erreicht.

Der alte Wehrturm an der Punta Baffa

20 ZUR PUNTA MANARA

Beliebte Tour zu tollem Aussichtspunkt

Direkt im hübschen, auf einer Landzunge gelegenen Sestri Levante beginnt diese kurze, wunderschöne Wanderung, welche man wie die meisten Küstentouren am besten nicht in der Hochsaison unternehmen sollte.

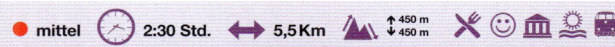

● mittel　　🕐 2:30 Std.　　◀▶ 5,5 Km　　▲ ↑450 m ↓450 m　　✗ ☺ 🏛 ☀ �

Tourencharakter Beliebte, recht kurze Küstenwanderung zu tollem Aussichtspunkt auf schönen Bergwegen

Ausgangs- und Endpunkt Sestri Levante, GPS 44.2706, 9.3949

Anfahrt Mit dem Auto auf der Küstenautobahn bis Ausfahrt Sestri Levante und der Beschilderung zum Ortszentrum folgen. Mit der Bahn auf der Linie Genua–La Spezia zu erreichen

Einkehr Unterwegs keine, nach der Tour viele Möglichkeiten in Sestri Levante

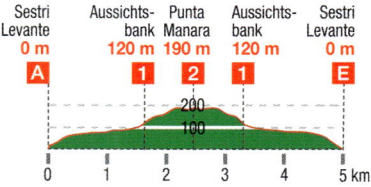

Der Wegverlauf

In der Fußgängerzone von **Sestri Levante** A zweigen wir in die Gasse Vico del Bottone ab, von der es gleich links in die Salita della Mandrella geht (Beschilderung »Punta Manara 1 Std.«). Der gepflasterte, von Mauern eingerahmte Weg steigt ein gutes Stück angenehm bergan. Wir erreichen einen bewaldeten Rücken und haben an einem Hof erste tolle Ausblicke auf das Meer. An einer Gabelung halten wir uns rechts, der Weg steigt noch einmal kurzzeitig an und wird steiniger. Wir kommen an einer **Aussichtsbank** 1 (0:30 Std.) mit schönem Blick auf Sestri Levante vorbei.

Interessante Vegetation

Eine Besonderheit der ansonsten üblichen Küstenvegetation sind hier die vielen Erdbeerbäume, deren rote Früchte, wenn sie wirklich ganz reif sind, nicht nur Kindern schmecken. Allerdings sollte man nicht zu viele davon essen, da sie roh etwas schwer verdaulich sind. Neben Pinien und Steineichen wachsen entlang des Weges zudem einige Korkeichen.

An der nächsten Gabelung (unbeschildert) halten wir uns erneut rechts und wandern nun wieder flacher in leichtem Auf und Ab mit tollen Küstenblicken weiter in Richtung Süden. An einer letzten (beschilderten) Gabelung gehen wir wieder rechts und kommen bald an

Bald schon öffnen sich Blicke nach Sestri Levante.

Der schöne Küstenweg ...

... ist auch gut für Kinder geeignet.

der unbewirtschafteten Berghütte einer Naturschutzorganisation vorbei.

Aussichtspunkt mit Geschichte

Über eine steile Treppe steigen wir schließlich zum großartigen Aussichtspunkt **Punta Manara** 2 (1:00 Std.) hinauf, wo die Ruine eines Turmes steht, der als Windmühle gedient haben soll. Daneben befindet sich die kreisförmige Mauer eines Kohlebeckens, in dem einst Signalfeuer angezündet wurden. Von hier oben wurde im Mittelalter auch vor den Schiffen der Sarazenen gewarnt.

TIPP

Wer noch einen Gipfel besteigen möchte, kann zusätzlich den nördlich der Punta Manara gelegenen, 266 Meter hohen Monte Castello besteigen. Alternativ kann man dort auch zum Bahnhof in Riva Trigoso absteigen.

Von hier können wir noch ein Stück weiter nach Süden wandern, wo sich von einem steil abfallenden Felssporn aus noch tollere Meerblicke bieten. Auf der gegenüberliegenden Küste ist die große Werft von Riva Trigoso zu sehen, wo vor allem Kriegsschiffe gebaut werden.

Zurück nach **Sestri Levante** E (2:00 Std.) geht es auf dem gleichen Weg.

Wer jetzt ordentlichen Hunger hat, soltte an der Hauptsraße rechts zur Focaccia d'Autore, gehen, wo es neben leckersten Foccacias aller Arten auch besten Käse und Schinken gibt. Eingedeckt mit diesen kulinarischen Schmankerln geht man dann am besten an einen der beiden Strände von Sestri Levante, wo man den Wandertag mit einem Picknick am Meer ausklingen lassen kann.

Der Weg zur Punta Manara ist gut beschildert.

21 SESTRI LEVANTE

Altstadtbummel auf einer Landzunge

Steigt man am Bahnhof von Sestri Levante aus dem Zug, ist man vielleicht ein bisschen enttäuscht, bietet sich doch zunächst kein italienisches Altstadtidyll. Doch der auf einer Halbinsel gelegene Ortskern macht diesen ersten Eindruck gleich wieder wett.

Lage Riviera di Levante, 45 km östlich von Genua, GPS 44.2706, 9.3949

Anfahrt Mit dem Auto auf der Küstenautobahn bis Ausfahrt Sestri Levante und der Beschilderung zum Ortszentrum folgen. Mit der Bahn auf der Linie Genua–La Spezia zu erreichen

Einkehr Viele Bars, Restaurants und Cafés im Ortszentrum

Info www.sestri-levante.net (auch auf Deutsch)

Der Wegverlauf

Zwischen der Baia del Silenzio (Bucht der Stille) und der Baia delle Favole (Bucht der Märchen) liegt die pittoreske Altstadt mit der verkehrsberuhigten Via XXV Aprile. Hier findet man viele Mode- und Antiquitätengeschäfte. Weiter über die Piazza Matteotti, wo die Kirche Santa Maria di Nazareth steht, gelangt man zu der »Isola« genannten Spitze der Halbinsel. Sie trägt diese Bezeichnung nicht zu Unrecht, da die Landzunge, welche die frühere Insel jetzt mit dem Festland verbindet, erst im Mittelalter entstand.

Besondere Sehenswürdigkeiten hat Sestri Levante nicht zu bieten, aber als Ausgangspunkt der schönen Küstenwanderung zur Punta Manara sollte man es durchaus besuchen. Aber am besten nicht im Hochsommer, sondern im Herbst, wenn das Wasser durchaus noch warm ist.

Badestrände im Doppelpack

Baden kann man gut in der Baia del Silenzio, der wohl schönsten Altstadt-Badebucht Liguriens. An der nach Westen ausgerichteten Baia delle Favole (Bucht der Märchen), mit ihren vielen Sonnenschirmen und -liegen, wird man hingegen am längsten von der Nachmittagssonne verwöhnt. Die Bucht bekam ihren Namen vom Märchendichter Hans Christian Andersen, welcher Sestri Levante mehrfach besuchte. Ihm zu Ehren wird einmal im Jahr ein Literaturpreis in Sestri Levante verliehen.

Übrigens fahren von Sestri Levante auch Linienschiffe in Richtung Cinque Terre und halten an allen wichtigen Küstenorten.

GAUMENSCHMAUS

In Sestri Levante sollte man unbedingt die »Focaccia d'Autore« besuchen. Dort gibt es großartige Focacce in allen Variationen: etwa mit Aubergine, Zucchini oder Spinat, Schinken oder Salami. Zudem kann man hier sehr leckeren italienischen Käse kaufen.

Die Sandbucht Baia del Silenzio

22 VON PORTOFINO NACH SAN FRUTTUOSO

Zu einer besonderen Badebucht

Zwei tolle Küstenwanderungen führen zum wunderschönen Kloster San Fruttuoso. Während der Pfad von Camogli aus trittsicheren und schwindelfreien Wanderern vorbehalten bleibt, ist diese Wanderung auch mit Kindern problemlos machbar.

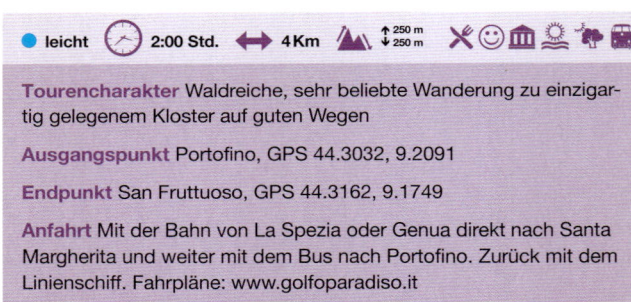

● leicht ⏱ 2:00 Std. ↔ 4 Km ⛰ ↑ 250 m ↓ 250 m ✕ ☺ 🏛 ☼ 🌳 🚌

Tourencharakter Waldreiche, sehr beliebte Wanderung zu einzigartig gelegenem Kloster auf guten Wegen

Ausgangspunkt Portofino, GPS 44.3032, 9.2091

Endpunkt San Fruttuoso, GPS 44.3162, 9.1749

Anfahrt Mit der Bahn von La Spezia oder Genua direkt nach Santa Margherita und weiter mit dem Bus nach Portofino. Zurück mit dem Linienschiff. Fahrpläne: www.golfoparadiso.it

Einkehr Restaurant und Bar bei San Fruttuoso

Der Wegverlauf

In **Portofino** **A** laufen wir auf der Hauptstraße bergan in Richtung Westen. Bald endet die Autostraße und es führen einige teils steile Stufen zügig bergauf. Bei einer Gabelung folgen wir der Beschilderung »San Fruttuoso«. Wir kommen durch ein Gatter, welches wir bitte wieder schließen. Nach einer guten halben Stunde wird der Weg flacher und wir wandern nun sehr schön oberhalb von Olivenbäumen und Gemüsegärten dahin. Bei einer weiteren Gabelung folgen wir der Beschilderung »Prato«. Ein kurzer, steiler Pfad bringt uns zu einem breiteren Weg, dem wir der Beschilderung »San Fruttuoso« entsprechend folgen. Nach den letzten Häusern des kleinen Bergdorfes **Prato** **1** (0:50 Std.) wird der Weg zu einer wunderschönen Küstenwanderung hoch über dem Meer. In leichtem Auf und Ab geht es nun immer in Richtung Westen weiter.

HINWEIS

Vor der Tour sollte man sich erkundigen, wann das letzte Schiff von San Fruttuoso zurück nach Portofino fährt. Freud und Leid? Portofino und auch die Wanderung nach San Fruttuoso sind sehr beliebte Ferienziele, weswegen man die Tour wenn möglich in der Nebensaison unternehmen sollte.

Abstieg zu Klosterbucht

Wir kommen zu einer **Gabelung** **2** (1:30 Std.) und steigen in Richtung San Fruttuoso bergab. Hier müssen wir einmal kurz aufpassen. Bei einer Gabelung gehen wir, der Beschilderung folgend, noch einmal nach rechts und ganz kurz bergan. Bei der allerletzten Gabelung ist es egal, ob links oder rechts: Beide Wege führen zum Kloster **San Fruttuoso** **E** (2:00 Std.) hinab. Nach der Besichtigung des wunderschönen Klosters kann man am kleinen, hübschen Badestrand ins Meer springen und/oder im Restaurant einkehren. Per Schiff geht es dann nach Portofino zurück, wobei man die gesamte zurückgelegte Steilküste betrachten kann, an der man zuvor entlang gewandert ist. Alternativ kann man natürlich auch den sehr schönen Weg nach Portofino noch einmal zurückgehen und dabei die herrlichen Ausblicke aufs Meer genießen.

23 SAN FRUTTUOSO

Einzigartig gelegenes Kloster am Ufer des Monte Portofino

Die Bucht von San Fruttuoso ist einer der bezauberndsten Orte an der gesamten ligurischen Küste. Das im 10. Jahrhundert erbaute, später erweiterte Benediktinerkloster liegt zwischen den Felsklippen wie ein Juwel. Und das Schöne ist: Noch heute gibt es keine Autostraße dorthin.

Lage In der Mitte der Steilküste des Monte Portofino, ca. 20 km östlich von Genua, GPS 44.3162, 9.1749

Anfahrt Von Camogli oder Portofino mit Linienbooten oder zu Fuß

Einkehr Restaurant und Bar an der Bucht

Info www.fondoambiente.it/luoghi/abbazia-di-san-fruttuoso

Der Wegverlauf

Das alte Kloster liegt in einer kleinen Bucht inmitten der steilen Südhänge des Monte Portofino. Der Ursprung von San Fruttuoso ist Legende: Die Jünger des Märtyrers Fruttuosus sollen im 3. Jahrhundert die Reliquien des Heiligen aus Spanien hierhergebracht haben. Eine andere Version verlegt die Überführung ins 7. Jahrhundert, als der Bischof von Tarragona vor den Mauren in die Bucht geflüchtet war. Tatsache ist, dass um 1050 griechische Mönche mit dem Bau des Klosters begannen. Es wurde in den nachfolgenden Jahrhunderten erweitert und umgebaut. Die mächtige Patrizierfamilie Doria aus Genua bestimmte einen Saal der Abtei zur Begräbnisstätte ihrer Familie.

Gelungene Restaurierung

1915 zerstörte eine Überschwemmung große Teile des ohnehin schon durch Fremdnutzung heruntergekommenen Bauwerkes. Erst in den 1980er-Jahren wurde das Kloster restauriert. Vor allem der zweistöckige Kreuzgang und die Doriagräber verströmen nun wieder den geheimnisvollen Zauber mittelalterlichen Klosterlebens.

Auf dem Meeresgrund der Bucht von San Fruttuoso befindet sich übrigens die Christusstatue Cristo degli abissi, die dort 1954 im Gedenken an den bei einem Tauchunfall 1950 umgekommenen Dario Gonzatti aufgestellt wurde. Die Statue ist ca. 2,5 Meter hoch und wurde von dem Bildhauer Guido Galletti gefertigt. Die Hände des Jesus sind im Zeichen des Friedens gegen die Meeresoberfläche gerichtet.

Zu Fuß oder per Schiff?

Die meisten Besucher fahren mit den Linienschiffen hin und zurück zu der einzigartigen Bucht. Am schönsten ist es aber, zu Fuß von Portofino (einfachere Tour) oder von Camogli (anspruchsvollere Tour) hierherzuwandern und nur für die jeweilige Rückkehr das Boot zu benutzen.

Die Geschichte San Fruttuosos geht aufs 3. Jahrhundert zurück.

24 NATURPARK MONTE PORTOFINO

Wichtiges Natur- und Meeresschutzgebiet

20 Kilometer östlich von Genua erhebt sich die mächtige Halbinsel des Monte Portofino über dem Meer. Der über 600 Meter hohe und drei Kilometer ins Meer ragende Gesteinsblock wartet mit einigen Besonderheiten auf.

Lage Riviera di Levante, 20 km östlich von Genua, GPS 44.3162, 9.1749 (San Fruttuoso)

Anfahrt Mit dem Auto auf der Küstenautobahn bis Ausfahrt Recco und über Recco nach Camogli bzw. mit der Bahn zum Bahnhof Camogli (Linie Genua–La Spezia)

Einkehr Restaurant und Bar an der Bucht San Fruttuoso

Info www.parcoportofino.com

Bereits im Jahr 1935 wurde der Monte Portofino als Schutzgebiet deklariert. So befindet sich bei dem Weiler Mortola eine markante geologische Grenze zwischen jüngeren Konglomeratfelsen (so nennt man abgerundete Gesteinstrümmer, die unter Druck durch verschiedene Bindemittel wie Ton, Kalk oder Kieselsäure zu einem neuen Gestein verkittet wurden) im Süden der Halbinsel und älterem, stark gefaltetem Kalkgestein im nördlichen Teil. An ihr liegen zahlreiche natürliche Quellen. Die geologischen Verhältnisse präsentieren sich sehr anschaulich bei einer Bootsfahrt von Camogli nach San Fruttuoso.

Biologische Vielfalt

Durch die verschiedenen Bodenverhältnisse und ein extrem unterschiedliches Mikroklima konnte sich auf der Halbinsel ein großer Artenreichtum entwickeln: An den – den kalten Tramontana-Winden ausgesetzten – Nordhängen dominieren Kastanien, Haselsträucher und Rotbuchen. An der steilen und sonnenexponierten Süd- und Westküste finden wir mediterrane Macchia. Mit über 130 Koniferenarten ist die Macchia äußerst vielfältig. Auf der Website des Naturparks (siehe Infokasten) kann man sich über die hier beschriebenen Wanderrouten hinaus zu weiteren Touren erkundigen.

Ein Hauch von Afrika

Eine botanische Besonderheit ist die Saxifraga cochlearis. Diese Steinbrechart ist endemisch, kommt also nur am Monte Portofino vor. An der trockenen Südseite wächst ein aus Afrika stammendes Gras, das früher zum Flechten und zum Bedachen von Häusern verwendet wurde. Alles in allem ist die Halbinsel eines der pflanzenreichsten Gebiete Italiens. Auf einem gut markierten Netz von Fußwegen kann man dieses Naturwunder ausgiebig erwandern. Auch unterhalb des Wasserspiegels setzt sich die üppige Flora und Fauna an den steilen Felswänden der Südküste fort, weswegen hier ein besonders wichtiges Meeresschutzgebiet eingerichtet wurde.

Das Schutzgebiet wurde in drei Zonen unterteilt. In allen drei Zonen ist der freie Schiffsverkehr, die Jagd und das Angeln beziehungsweise jeder Eingriff in die Fauna und das Unterwasserfischen verboten; das Sporttauchen ist eingeschränkt. Streng verboten ist Sporttauchen mit Bodenkontakt und das Ankerlassen jeglicher Seefahrzeuge. Besonders geschützt ist das Meer unterhalb der Cala D'Oro (die man auf Wanderung 25 quert), dort sind lediglich Rettungsmaßnahmen sowie autorisierte wissenschaftliche Aktivitäten gestattet.

Steil bricht der Monte Portofino ins Mittelmeer hinab.

25 VON CAMOGLI NACH SAN FRUTTUOSO

Eindrucksvolle Pfade an der Steilküste des Monte Portofino

Diese Wanderung ist die spektakulärste Küstentour an der Riviera di Levante. Wer den anstrengenden Weg zum wunderschön gelegenen Kloster gemeistert hat, wird mit einer traumhaften Bootsfahrt zurück nach Camogli belohnt. Allerdings muss man trittsicher und schwindelfrei sein.

● schwer 🕐 5:00 Std. ↔ 11 Km 🗻 ↑ 800 m ↓ 800 m 🍴 ☀ 🚌

Tourencharakter Anfangs geteerte Fußwege, dann schmale, teils ausgesetzte Bergwege, z. T. mit Ketten gesichert. Nicht bei Nässe oder Gewittergefahr!

Ausgangspunkt Camogli, GPS 44.3502, 9.1530

Endpunkt San Fruttuoso, GPS 44.3162, 9.1749

Anfahrt SS 1 bis Ausfahrt Recco und weiter nach Camogli bzw. mit der Bahn zum Bahnhof Camogli (Linie Genua–La Spezia). Zurück mit dem Schiff; Fahrpläne: www.golfoparadiso.it

Einkehr Restaurant und Bar bei San Fruttuoso

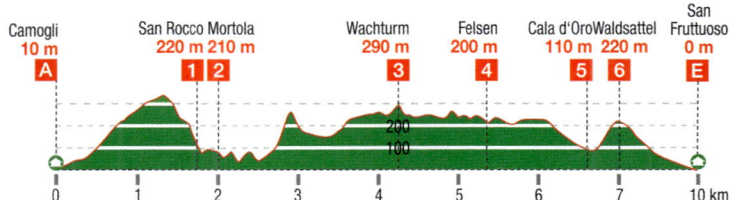

Der Wegverlauf

An der Uferpromenade von **Camogli** A, wo wir unseren Proviant in einem der Alimentari-Läden noch aufstocken können, folgen wir der Via Garibaldi nach Süden. Wir halten uns geradeaus bis zu einer

Straßenkehre. Hier folgen wir links des Bachbetts dem markierten Weg (Übersichtstafel, Wegweiser »San Rocco«, Markierung: zwei rote Punkte). Nach einer Brücke treffen wir auf eine Straße, auf der wir uns nach links wenden und an einer Steinmauer entlanglaufen.

Nun geht es ein längeres Stück auf geteertem Fußweg entlang von Trockenmauern bergauf nach **San Rocco** 1 (1:00 Std.), wo sich auch eine empfehlenswerte Einkehrmöglichkeit befindet (siehe Tipp). An der Kirche laufen wir rechts vorbei und folgen dem Wegweiser »San Fruttuoso via Passo del Bacio«.

Schöne Blicke auf Camogli

Wir wandern nun auf einem flachen Panoramaweg mit toller Aussicht auf die Bucht von Camogli und erreichen, die Abzweigung zur Punta Chiappa ignorierend, bald schon den kleinen Weiler **Mortola** 2 (1:20 Std.). Hinter dem Dorf geht es zunächst ein Stück auf einem

Zurück nach Camogli geht es auf dem Wasser.

137

Blick auf die Bucht von San Fruttuoso

gepflasterten Weg, später auf einem erdigen Fußweg zu einer Gabelung. Hier folgen wir dem Wegweiser »Batterie« sowie den roten Punkten. Wir wandern durch wunderschönen Macchiawald und kommen hinter einem felsigen Aufschwung zu einem ehemaligen **Wachturm** **3** (2:00 Std.). An der Gabelung gehen wir weiter geradeaus und haben bald tolle Fern- und Tiefblicke.

Auf der Sonnenseite des Monte Portofino

Gleich befinden befinden uns jetzt auf der steilen und baumlosen Südseite der Halbinsel. Wir kommen an einer Informationsstelle des Naturparks Monte Portofino vorbei, die allerdings nur im Sommer besetzt ist. Hier befindet sich auch ein Brunnen, der im Hochsommer jedoch ausgetrocknet sein kann. Sicherheitshalber sollte man selbst genug zu trinken mitnehmen.

Leicht absteigend führt der Weg auf große Felswände zu, die wir bald unterhalb queren. Hier verläuft der Weg zum ersten Mal richtig ausgesetzt über dem Meer. Stahlseile helfen über die leicht abschüssigen Felsplatten, bei Nässe ist dieser Abschnitt aber nicht zu empfehlen. Im Wechsel von flachen Erdpfaden und kurzen, steileren Felsaufschwüngen (immer mit Ketten gesichert) führt uns der Weg zur breiten Cala d'Oro. Diesen weiten **Bergkessel** **4** (4:00 Std.) queren wir in leichtem Auf und Ab weiter nach Osten.

Ein letzter Gegenanstieg

Schließlich geht es links steiler den Berg hinauf. Wir treten wieder in den Wald, der im Sommer ersehnten Schatten spendet, und erreichen schließlich den Waldsattel **Passo del Bacio** **5** (4:30 Std.). Der Anstieg ist geschafft! Der Weiterweg führt ohne Orientierungsschwierigkeiten in vielen Windungen hinab zur malerischen Bucht des Klosters **San Fruttuoso** **E** (5:00 Std.).

Auf der wunderschönen und erholsamen Rückfahrt mit dem Schiff nach Camogli zieht fast die gesamte zurückgelegte Wegstrecke noch einmal an uns vorbei – diesmal aus neuer Perspektive.

Unterwegs gibt es einen Brunnen.

26 CAMOGLI

Stolze Stadt mit schöner Uferpromenade

Am westlichen Rand der Portofino-Halbinsel liegt das alte Seefahrerstädtchen Camogli, welches man einst »Stadt der tausend weißen Segelschiffe« nannte. Eine mächtige Segelflotte wie in seiner Blütezeit gibt es nicht mehr, dennoch ist es einen Besuch wert.

Lage Riviera di Levante, 20 km östlich von Genua, GPS 44.3502, 9.1530

Anfahrt Mit dem Auto auf der Küstenautobahn SS 1 bis Ausfahrt Recco und über Recco nach Camogli bzw. mit der Bahn zum Bahnhof Camogli (Linie Genua–La Spezia)

Einkehr Viele Restaurants und Bars

Info www.camogli.it

Im 19. Jahrhundert genossen die Werften Camoglis im Mittelmeerraum einen sehr guten Ruf und die örtlichen Reeder besaßen mehr Schiffe als der Nachbarhafen Genua. Aus dieser wirtschaftlichen Blütezeit stammt auch das für ein Fischerdorf nicht gerade typische Stadtbild. Bunte Hochhäuser säumen die Uferpromenade der Via Garibaldi und bilden dabei – vom Meer aus gesehen – eine malerische Farbkomposition von Ocker bis Rot.

Kirche mit Wellengang

Camoglis Wahrzeichen ist die auf einer Halbinsel stehende, prächtige Kirche Santa Maria Assunta mit Ursprung im 12. Jahrhundert und reicher Innenausstattung. Nicht nur im Herbst, wenn die Stürme hohe Gischt gegen das Gotteshaus branden lassen, ist das Ensemble der Traum eines jeden Fotografen. Aber auch Badegäste schätzen den schönen Blick.

Das im benachbarten Castel Dragone untergebrachte Acquario Tirrenico (montags geschlossen) bietet einen Überblick auf die Fischarten im Tyrrhenischen Meer.

Die Artgenossen, die weniger Glück gehabt haben, werden beim alljährlichen Fischfest Sagra del Pesce in der größten Bratpfanne der Welt (sie hat einen stolzen Durchmesser von 380 Zentimetern und ist an einer Wand unweit der Promenade zu besichtigen) gebraten und gratis an geduldige Einheimische und Touristen verteilt.

Wer Nudelgerichte bevorzugt, muss unbedingt im Geschäft »Pasta Fresca Fiorella« in der Via Giuseppe Garibaldi vorbeischauen. Dort gibt es gegen Mittag leckere und variationsreiche Teigprodukte auch heiß zum Mitnehmen.

Zum Baden bietet sich neben dem netten Kiesstrand unterhalb der Uferpromenade der Felssporn der Punta Chiappa an. Man erreicht ihn auf einer etwa 90-minütigen Wanderung oder via Bootsfahrt in Richtung San Fruttuoso.

STELLA MARIS

Immer am ersten August-Sonntag fährt eine Bootsprozession von Camogli zur Landspitze Punta Chiappa. Dort wird vor den schön verzierten Booten eine Messe gefeiert. Später in der Dämmerung werden Tausende Lichter ins Meer gesetzt.

Camogli ist eine alte Seefahrerstadt.

Der Monte Antola ist einer der bekannteren
Berge am Ligurischen Hauptkamm.

GENUA UND UMGEBUNG

GENUA UND UMGEBUNG

Geschäftige Metropole und Ligurischer Hauptkamm

Mit der Metropole genau im Mittelpunkt ist die Gegend rund um Genua die am stärksten besiedelte der in diesem Buch vorgestellten Urlaubsregionen. Umso spannender ist der Gegensatz zwischen der sehr lebendigen ligurischen Hauptstadt und dem dahinter aufragenden gebirgigen Hauptkamm.

Der Ligurische Hauptkamm wird östlich der Autobahn Mailand–Genua vor allem vom wunderschönen Naturpark Antola dominiert, der quasi das Gegenstück zum Naturpark Aveto darstellt und wie dieser von vitalen Buchen-Bergmischwäldern geprägt ist. Auch hier gibt es Wölfe und Rotwild und im Herbst Pilze in Hülle und Fülle.

Das Berggebiet grenzt im Norden an das Piemont, im Osten an die Emilia-Romagna und es umfasst das Scrivia- sowie das Trebbia-Tal. Der höchste Gipfel des Naturparks ist der 1597 Meter hohe namengebende Monte Antola, welchen man unbedingt einmal besteigen sollte.

Gedenktafeln haben in Italien einen hohen Stellenwert.

Tolle Felsformationen

Wie auch im Aveto-Tal gibt es im Westen des Parco Antola beeindruckende Konglomeratfelsen, die vor allem bei Crocefieschi markante Gipfelformen bilden und daher nicht nur bei Bergwanderern, sondern auch bei Kletterern beliebt sind. Der breite Wiesengipfel des Monte Antola besteht hingegen aus mergeligem Kalk.

Waren in den uralten Buchen- und auch Kastanienwäldern zu früheren Zeiten Maultiertreiber unterwegs, die auf dem Rücken der Tiere Salzsäcke zur Poebene transportierten, so stellen die teils historischen Pfade heutzutage beliebte Wanderziele dar.

Oberhalb der Waldgrenze öffnen sich schöne Fernblicke.

Für das im Westen des Naturparks gelegene Vobbia-Tal sind Kastanienwälder typisch, welche einst von den Talbewohnern selbst gepflanzt wurden. Ihre Früchte wurden frisch gegessen oder in besonderen Vorrichtungen, »seccherecci« genannt, gedörrt und gemahlen.

Ein Urlaubsziel fürs ganze Jahr

Im Gegensatz zu dem im Winter oft schneereichen Ligurischen Hauptkamm wird man bei Touren in und rund um Genua selbst im Winter wohl keinen Flocken begegnen. Durchschnittstemperaturen von etwa 7 °C (von Dezember bis Februar) machen in Meernähe selbst in der kalten Jahreszeit hier Wanderungen möglich. Es gibt wohl nur wenige Metropolen, die bei einem Stadturlaub so interessante und schnell zu erreichende Wanderungen bieten, wie beispielsweise zu den Burgen Genuas oder auf die Punta Martin, deren Ausgangspunkt Acquasanta man in einer nur knapp halbstündigen Zugfahrt erreicht. Auch die Cinque Terre kann man von Genua aus gut mit dem Zug erreichen.

Das Castello Pietra klebt wie ein
Schwalbennest an einem bizarren Felsen.

Küste der Kontraste

Geografisch stellt Genua genau die Grenze zwischen der Riviera di Levante im Osten und der Riviera di Ponente im Westen dar. Nirgendwo sonst in Ligurien ist der Gegensatz zwischen dem extrem dicht besiedelten, oft planlos verbauten Küstenstreifen und dem dörflich geprägten, von zunehmender Abwanderung betroffenen Hinterland deutlicher. Deshalb haben Genua und die Genuesen mit anderen Hafenstädten im Mittelmeerraum mehr gemein als beispielsweise mit einem nicht viele Kilometer, jedoch in Hinblick auf Tradition und Mentalität weit entfernten Bergdörfchen am Ligurischen Hauptkamm.

BUCHTIPP

Das Buch »Genua aber war mächtiger. Geschichte einer Seemacht« von Franz Kurowski ist ein umfassendes Werk zur Historie Genuas.

Ehemalige Seemacht

Die Genueser Kolonien befanden sich vor allem im Mittelmeerraum und im Schwarzen Meer sowie im Zusammenhang mit der iberischen Überseeexpansion auf den atlantischen Inseln vor der westafrikanischen Küste In der Neuzeit verlor freilich auch Genua – wie alle ehemaligen großen Seemächte – an Bedeutung, spielte aber nach dem Zweiten Weltkrieg eine entscheidende Rolle beim wirtschaftlichen Wiederaufbau Italiens. In den letzten Jahrzehnten haben Tourismus und Handel die einst wichtige Schwerindustrie wirtschaftlich ersetzt. In diesem Zusammenhang wurden viele einst heruntergekommene Stadtteile saniert.

Viele Wegweiser wurden erst in den letzten Jahren renoviert.

ENTDECKERREISE
... vom Naturpark Antola nach Genua

Genua und viele der umliegenden Wanderungen sind sehr gut mit öffentlichen Verkehrsmitteln zu erreichen, weswegen eine Anreise mit der Bahn durchaus zu empfehlen ist. Wer jedoch schon auf dem Weg dorthin eindrückliche und abgelegene Bergtouren mitnehmen möchte, sollte lieber mit dem Kfz anreisen.

Noch am Anreisetag bietet sich die vergleichsweise kurze, aber sehr aussichtsreiche Bergtour auf den Monte Tobbio an, die man von der A7, Ausfahrt Serravalle, und weiter auf der SP 161 und SP 160 nach Voltaggio und zum Colle Eremiti erreicht.

Von Voltaggio aus kann man auch über Sottovalle nach Isola del Cantone (ebenfalls eine Anschlussstelle der A7) fahren, von wo man dem Flüsschen Vobietta zur tollen Felsenburg Castello Pietra folgt und weiter über Vobbia nach Crocefieschi gelangt, welches Startpunkt für die sehr beeindruckende Tour zu den Rocche del Reopasso ist.

Aus einsamen Bergwäldern ...

Von Crocefieschi aus lohnt es sich auch, am nächsten Tag die 30 Kilometer lange Strecke über Montoggio nach Torriglia auf sich zu nehmen, da im nördlich davon gelegenen Bergdorf Bavastrelli eine besonders lohnende Bergtour zum Monte Antola beginnt, bei der man auch in

Manche Pfade laden auch zum Barfuß-Wandern ein.

einer empfehlenswerten Bergunterkunft übernachten kann. Von Torriglia kann man übrigens auch weiter nach Osten zum Naturpark Aveto fahren (siehe Kapitel 2).

... in eine quirlige Metropole

Hat man sich am Ligurischen Hauptkamm in Sachen Natur so richtig ausgetobt, wird es Zeit, Genua einen ausgedehnten Besuch abzustatten.

Am Gipfelrücken des Monte Tobbio

Nach dem beschriebenen Spaziergang im Zentrum sollte man keinesfalls die vom Aussichtsplatz Righi beginnende Tour zu den Festungen Genuas verpassen, bei der man mit einer fast schon nostalgischen Schmalspurbahn ins Stadtzentrum zurückfährt.

Wer nach dem Stadtrummel wieder Einsamkeit sucht, kann von Genua aus mit der Bahn nach Crocetta d'Orero fahren, wo die wenig frequentierte Wanderung nach Creto beginnt.

Im Anschluss an den Genua-Aufenthalt sollte man den westlich gelegenen Thermalort Acquasanta besuchen, welcher ein interessantes Museum und eine tolle Gipfelbesteigung auf die Punta Martin zu bieten hat. Und auf der Rückfahrt über die E 25 in Richtung Norden lohnt noch der Zwischentopp in Campo Ligure, wo man vor der Heimreise den Monte Pracaban besteigen und den ligurischen Bergen bis zum nächsten Mal Lebewohl sagen kann. Oder aber man reist von dort aus gleich weiter zur Riviera di Ponente.

Abendstimmung am Ligurischen
Hauptkamm

WICHTIGE ADRESSEN

INFORMATIONSSTELLEN

Parco Regionale Naturale dell'Antola, La Torriglietta, Via N.S. Providenza 3, 16029 Torriglia, Tel. +39 10 944175, www.parcoantola.it
Auch deutschsprachige Webseite mit vielen Informationen zum Naturpark Antola (Touren 27 und 28)

Porto Antico di Genova S.P.A., Calata Molo Vecchio 15, 16128 Genova, Tel. +39 10 2485711, www.portoantico.it (auch auf Englisch)
Zentrale Touristeninformation direkt am alten Hafen (Tour 34)

Schmalspurbahn Genua–Casella, Via L. Montaldo 2, 16137 Genova, Tel. +39 10 5582414, www.ferroviagenovacasella.it
Alle Infos zu Tarifen, Fahrplänen und der interessanten Geschichte der nostalgischen Schmalspurbahn (Tour 34)

MUSEEEN & SEHENSWÜRDIGKEITEN

Castello della Pietra, Strada Provinciale 8, Isola del Cantone, 16010 Vobbia, Tel. +39 10 944175, www.parcoantola.it
Geöffnet Ostern bis Mitte Oktober an Sonn- und Feiertagen, Führungen auf Italienisch zur halben Stunde (Tour 31)

Der schöne Bergweg zum Monte Tobbio

Acquario di Genova, Area Porto Antico, 16128 Genova, Tel. +39 10 23451, www.acquariodigenova.it/de
Großartiges Meerwasser-Aquarium, direkt am Porto Antico gelegen (Tour 34)

Bigo, Area Porto Antico, 16128 Genova, Tel. +39 10 23451, www.portoantico.it/strutture/bigo-ascensore-panoramico
Panorama-Aufzug am Hafen mit tollem 360°-Blick auf Meer und Stadt (Tour 34)

Piratenschiff Neptune, Porto Antico, 16128 Genova, Tel. +39 10 2476608
Für einen Polanski-Film originalgetreu nachgebautes Piratenschiff am Alten Hafen (Tour 34)

Der Kreuzgang von San Matteo in Genua

Museo della Filigrana, Via della Giustizia 5, 16013 Campo Ligure, Tel. +39 10 920099, www.museofiligrana.org
Großartige Sammlung metallischer Filigran-Arbeiten (Tour 36)

Museo Carta Mele, Via Acquasanta 251, Acquasanta, 16158 Genova, Tel. +39 335 1623161, www.museocartamele.it
Interessantes Papier-Museum mit alten Maschinen und Werkzeugen (Tour 37)

ESSEN & TRINKEN

È sempre asso, Piazza IV Novembre 1, 16010 Crocefieschi
Nette Café-Bar, in der die Wanderer und Kletterer nach der Tour gerne noch ein Bier trinken (Tour 30)

Barcabà Pizzeria, Via di Creto 117 rosso, 16165 Genova, Tel. +39 10 8592067
Sehr gute Holzofenpizza in urigem Ambiente, also eine ideale Stärkungsmöglichkeit nach der Wanderung 32.

Le Cantine Squarciafico, Piazzetta dell'Amico 2/3/4, 16123 Genova, Tel. +39 10 2470823, www.squarciafico.it
Im säulengestützten Untergeschoss des Altstadtpalazzos Squarciafico beim Dom gelegenes Lokal mit leichter Küche (Tour 34)

Die stolze Porta Soprana
in Genua

Trattoria Da Franca, Vico della Lepre 4/8/10 rosso, 16124 Genova,
Tel. +39 10 2474473
Gemütliches Traditionslokal mit viel gelobten Fischgerichten (Tour 34)

Sopranis, Piazza Valoria 1 R, 16123 Genova, Tel. +39 10 2473030
Variationsreiche Fischküche, Holzofenfladen und preiswerter Mittags-
tisch in Gewölbekeller (Tour 34)

ÜBERNACHTEN

Rifugio Parco Antola, Via Monte Antola, 16027 Propata,
Tel. +39 339 4874872, www.rifugioantola.com
Toll gelegene, modern renovierte Bergunterkunft mit sehr nettem Hüt-
tenteam und gutem einfachen Essen (Tour 27)

Guest House Patrizia, Via Vittorio Veneto 18, 16010 Crocefieschi,
Tel. +39 329 1387125
Sehr gut ausgestattete und dabei recht günstige Unterkunft mit toller
Aussichtsterrasse und Swimmingpool (Tour 30)

Colombo, Via Porta Soprana 27, 16121 Genova,
Tel. +39 10 2513643, www.hotelcolombo.it
Kleines Hotel mit Dachterrasse mitten im Zentrum (Touren 33 und 34)

Ostellin Genova Hostel, Vico dei Parmigiani 1–3, 16123 Genova,
Tel. +39 10 0981928, www.ostellingenova.it/en
Günstiges, im Zentrum gelegenes Hostel, das Wert auf umwelt-
freundliche Führung legt. Kinder bis zehn Jahre können sogar gratis
im Bett der Eltern übernachten (Touren 33 und 34).

In der Gipfelkirche des Monte Tobbio

27 RUNDTOUR ZUM MONTE ANTOLA

Tolle Wanderung in ehemaligem Partisanengebiet

Die Berge nördlich von Torriglia sind ein bei den Genuesen beliebtes Wandergebiet. Vor allem im August, wenn es in der Metropole unerträglich heiß wird, bieten sie Natur und Erholung pur – und zugleich herrliche Aussichten.

● mittel 🕐 4:00 Std. ↔ 10 Km ⛰ ↑700 m ↓700 m 🍴 🌳 🚌

Tourencharakter Wunderschöne Runde auf guten Bergwegen zu fantastischem Aussichtsgipfel. Der Alternativabstieg erfordert etwas Orientierungsvermögen.

Ausgangs- und Endpunkt Bavastrelli, GPS 44.5582, 9.1755

Anfahrt A7 bis Ausfahrt Busalla, über die SS 226 nach Laccio, dort nach Torriglia ab. Weiter über Bavastri nach Bavastrelli. Der Ort ist von Genua aus auch mit dem Bus zu erreichen.

Einkehr Rifugio Parco Antola (CAI), www.rifugioantola.com

Der Wegverlauf

Diese traumhaft schöne Wanderung führt uns zum höchsten Punkt am Monte Antola und bietet von Anfang an tolle Aussichten auf die umliegende Bergwelt. Der Weg beginnt am **Parkplatz vor Bavastrelli** A direkt neben einer großen Kastanie (Schild »Rifugio Monte Antola 2 h«, Markierung: zwei gelbe Quadrate). Wir gehen durch das nette, kleine

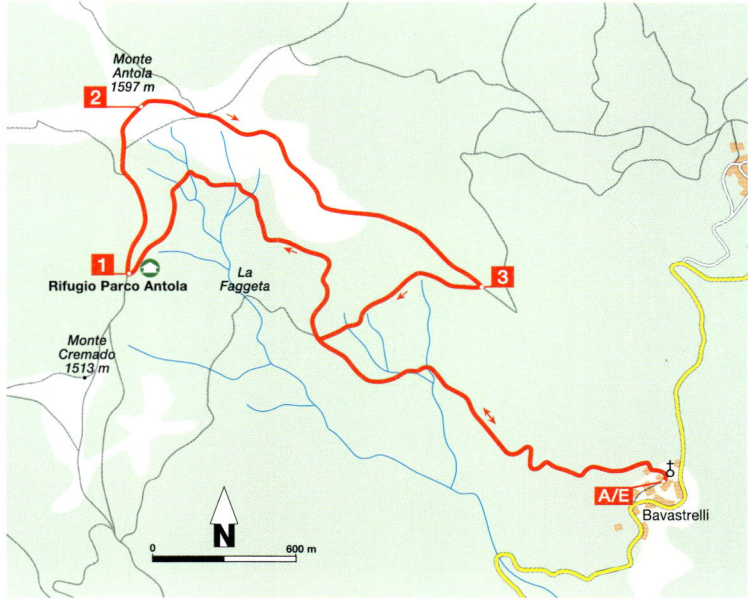

Dorf und wenden uns vor dem Haus Nr. 66 nach links, die Kirche lassen
wir rechts liegen. Nach den letzten Häusern wird der Weg etwas steiler
und führt zu einem Gatter, das wir hinter uns wieder schließen. Der teils
gepflasterte Karrenweg bringt uns durch mit schönen Einzelbäumen
bewachsene Weideflächen. Bereits hier bieten sich schöne Ausblicke
auf den Lago del Brugneto und die umliegende grüne Bergwelt.

Aufstieg im Partisanengebiet

Wir kommen an zwei kleinen Kapellen vorbei und halten uns danach
bei einer Gabelung rechts. Der Anstieg wird nun ein Stück lang steiler
und führt im Bergwald (der einst für italienische Partisanen ein wichtiges
Rückzugsgebiet vor den faschistischen Truppen war) wieder flacher
ohne jegliche Orientierungsprobleme zum erst 2007 erbauten **Rifugio
Parco Antola 1** (1:45 Std.). Auf der schönen Aussichtsterrasse sollte
man unbedingt einen Cappuccino trinken. Die moderne Bergunterkunft ersetzt das frühere, näher am Gipfel gelegene Rifugio und wird
von einem sehr netten Hüttenteam geleitet. Daher ist es auch keine

157

Kurz unter dem Gipfel steht eine stattliche Bergkirche.

schlechte Idee, dort zu übernachten. Es ist von Mitte April bis Mitte Oktober geöffnet.

Vom Rifugio Parco Antola geht es nun auf steilerem Fußweg wieder zu dem breiteren Fahrweg. An einer Brotzeitbank wendet sich der Weg nach rechts und bringt uns entlang des zunächst noch bewaldeten Rückens am ehemaligen Rifugio und einer Kapelle vorbei zum Gipfel des **Monte Antola** ❷ (2:15 Std.), dem nur drei Meter zur 1600-Meter-Marke fehlen.

Überwältigende Aussicht

Das Panorama am Monte Antola reicht im Osten bis hin zu den Apuanischen Alpen, im Westen über die ligurische Riviera bis zu den Meeralpen und im Norden über die Poebene zu den Westalpen mit Monte Viso, Montblanc und Monte Rosa. Und auch beim Blick in Richtung Meer zeigen sich die hier meist grünen ligurische Berge von ihrer schönsten Seite.

Nach der Gipfelrast kann man entweder den gleichen Weg absteigen (wenn man beispielsweise im Rifugio Parco Antola übernachten will) oder, bei trockenen Verhältnissen, eine sehr schöne Alternative wählen: Dafür folgen wir zunächst vom Gipfel dem Wegweiser »Tre Croci« hinab zum Sella est dell'Antola. Kurz danach zweigen wir bei einem Holzpflock (unbeschildert und zunächst weglos) rechts ab und gehen durch ein kleines Tälchen.

Bald sehen wir eine deutlich ausgetretene Pfadspur, die nun immer entlang eines aussichtsreichen Bergrückens hinabführt. An Büschen sind als Markierungen rot-weiße Baustellenbänder angebracht und in den kurzen Waldpassagen sehen wir drei gelbe Punkte an Bäumen. Immer wieder ist der Abstieg im Wiesengelände auch weglos, was aber gerade barfuß großen Spaß macht. Schließlich stoßen wir auf einen landwirtschaftlichen Fahrweg und folgen hier dem gelben Wegweiser »Anello Rifugio« nach rechts. Der **flache Querweg** **3** (3:00 Std.) führt ohne Orientierungsprobleme zum Aufstiegsweg, den wir bei der zweiten Kapelle erreichen. Von dort geht es auf bekanntem Weg nach **Bavastrelli** **E** (4:00 Std.) zurück.

Auf dem weg zurück nach Torriglia bietet sich natürlich nach links der kurze Abstecher zum Lago Brugneto an, wo man den Urlaubstag ausklingen lassen kann. Oder aber man fährt gleich weiter in Richtung Barbagelata. Das kleine, nette Bergdorf ist Ausgangspunkt der nächsten Wanderung zum Monte Caucaso. Hier oben trifft man auch im Hochsommer allenfalls Wanderer.

KURVENREICHE ANFAHRT

Um den Ausgangspunkt zu erreichen, ist eine gute, aber teils schmale Bergstraße zu bewältigen. Schon während der Anfahrt hat man tolle Aussichten, die von den grandiosen Gipfeln freilich noch getoppt werden. Nach der Wanderung kann man einen Abstecher zum nahen Lago del Brugneto machen.

Am Gipfel wird der italienischen Partisanen gedacht.

28 TORRIGLIA & LAGO DEL BRUGNETO

Sommerfrische in den Bergen

Das kleine und gastfreundliche Bergstädtchen Torriglia schmiegt sich südlich des Monte Antola malerisch an die Hänge des Monte Prelà. Die Genuesen kommen gerne hierher – im Sommer wegen der kühleren Temperaturen und im Herbst zum Pilzesammeln.

Lage 22 km (Luftlinie) nordöstlich von Genua am Fuße des Ligurischen Hauptkammes, GPS 44.5183, 9.1583

Anfahrt Mit dem Auto auf der A7 bis Ausfahrt Busalla, weiter über die SS 226 nach Laccio, dort nach Torriglia abbiegen

Einkehr Diverse Möglichkeiten vor Ort, empfehlenswert u. a. die »Taverna dei Fieschi«

Info http://parcoantola.it

Das von Mönchen gegründete Dorf wird von einer Burgruine beherrscht. Die Burg gehörte zuerst den Fieschi und danach den Doria, bis sie Ende des 18. Jahrhunderts aufgegeben wurde und verfiel. Der nahe gelegene Brugneto-Stausee ist von reizvollen Bergdörfern umgeben, die dank des Ausflugstourismus und der Forellenfischerei langsam wieder besiedelt werden. Wenn man an einem heißen Sommertag beim Abstieg vom Monte Antola sieht, dass der Lago del Brugneto gut gefüllt ist (was bei Stauseen nicht immer der Fall ist), kommt natürlich der Wunsch auf, sich nach der Tour dort zu erfrischen. Leider wurde das Baden darin zwischenzeitlich verboten, da der See als Trinkwasser-Depot Genuas dient. Laut Aussage des Hüttenwirts des Rifugio Parco Antola (Sommer 2017) arbeiten aber einige Verbände daran, darunter vor allem die Kajakfahrer, dass das Baden und Bootfahren wieder erlaubt wird. Deswegen sollte man sich vor Ort nochmals erkundigen.

Rückzugsraum für Pflanzen, Tier und Mensch

Die umliegenden Berge gehören zum 1995 gegründeten Naturpark Antola, in dem neben Damwild und Dachsen sogar Wölfe heimisch sind.

Der Monte Antola selbst ist für seine Bergblumenpracht bekannt. Neben Narzissen, die in Ligurien immer seltener werden, wachsen hier Orchideen, Enziane, Lilien, Ranunkeln und Akeleien. Die Berge rund um Torriglia waren aber auch wichtiger Rückzugsraum der Partisanen im Zweiten Weltkrieg. Einen authentischen Eindruck des italienischen Widerstandes gibt der Roman »Wo Spinnen ihre Nester bauen« von Italo Calvino (dtv). In seinem Erstlingswerk beschreibt der bekannte italienische Autor seine Jugendzeit bei den ligurischen Partisanen.

Der Lago del Brugneto …

… ist von jeder Seite aus betrachtet schön.

29 RUNDWANDERUNG ZUM MONTE CAUCASO

Waldreich zu prächtigem Aussichtsgipfel

Diese Rundtour ist auch an warmen Sommertagen zu empfehlen, da sie auf schattigen Wegen durch herrliche Buchenwälder erfolgt. Umso überraschender ist die grandiose Aussicht vom freien Gipfel des Monte Caucaso.

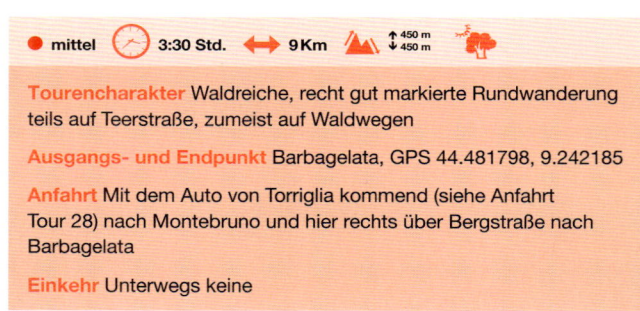

● mittel   🕐 3:30 Std.   ◄► 9 Km   ⛰ ↑ 450 m ↓ 450 m

Tourencharakter Waldreiche, recht gut markierte Rundwanderung teils auf Teerstraße, zumeist auf Waldwegen

Ausgangs- und Endpunkt Barbagelata, GPS 44.481798, 9.242185

Anfahrt Mit dem Auto von Torriglia kommend (siehe Anfahrt Tour 28) nach Montebruno und hier rechts über Bergstraße nach Barbagelata

Einkehr Unterwegs keine

Der Wegverlauf

Am südlichen Ortsende von **Barbagelata** **A** laufen wir nach links und folgen den Markierungen des Ligurischen Höhenweges »AV« bergab. Es geht teils etwas steil abwärts zu einer Straße. Auf dieser wandern wir nach rechts zum **Passo Scoglina** **1** (0:30 Std.). Kurz geht es auf der Straße noch Richtung Barbagelata weiter. Dann zweigen wir nach links ab und folgen der Markierung (rote und blaue Punkte), welche entlang eines Waldrückens nach Südwesten zum Passo Volta führt, wo ein Strommast steht. Es geht nun leicht nach rechts bergab und dann immer ein Tal entlang, wobei der Bach gekreuzt wird. Nach einer Lichtung wandern wir ein Stück lang steil bergan zu einer Gabelung. Nach rechts könnte man direkt zum Passo del Gaba abkürzen, würde dann aber den Monte Caucaso verpassen.

Kapelle mit Aussicht

Deshalb halten wir uns links (rote Punkte) und laufen zu einem Bach hinab. Wir überqueren ihn, halten uns rechts (rote Dreiecke) und steigen im Wald steiler bergan. Schließlich führt ein flacherer Wiesenrücken sehr aussichtsreich zum **Monte Caucaso** **2** (2:00 Std.) hinauf, wo eine kleine Kapelle steht. An klaren Tagen hat man von hier aus eine herrliche Aussicht auf das Meer und die Berge des Ligurischen Hauptkammes wie Monte Antola, Monte Aiona und Monte Penna.

Am Gipfel folgen wir ein Stück lang dem Kamm nach Westen und halten uns an einer Gabelung rechts (rotes Dreieck). Nun wandern wir immer in Richtung Nordosten entlang eines Kammes zum **Passo del Gabba** **3** (2:30 Std.). Auf breitem Weg geht es nach rechts. Dann wechselt der Weg die Hangseite und führt ein gutes Stück bergan. Oben angekommen wendet sich der Weg nach links. Dann müssen wir kurz aufpassen und in einen Pfad nach rechts abzweigen, der zur Autostraße führt, über die wir nach links zum Ausgangspunkt in **Barbagelata** **E** (3:30 Std.) zurückgelangen.

Am Gipfelkamm winken zur Belohnung freie Fernblicke.

30 ÜBER DIE ROCCHE DEL REOPASSO

Imposante Kammwanderung mit kurzer Kletterstelle

Inmitten dicht bewaldeter Berge liegt hoch über dem Vobbia-Tal der eindrucksvolle Konglomerat-Felskamm Rocche del Reopasso. Er ist ein tolles Beispiel dafür, wie nah landschaftliche Gegensätze in Ligurien beieinanderliegen können.

● mittel   🕐 3:00 Std.   ↔ 6 Km   ⛰ ↑ 300 m ↓ 300 m   🍴 ☀ 🚌

Tourencharakter Breite Wege, dann schmale, aussichtsreiche Pfade, teils leicht ausgesetzt. Am Schluss gibt es eine kurze Kletterstelle (Stahlseil), daher sind Schwindelfreiheit und solide Trittsicherheit erforderlich.

Ausgangs- und Endpunkt Crocefieschi, GPS 44.5832, 9.0231

Anfahrt A7 bis Ausfahrt Isola del Cantone, weiter über Vobbia nach Crocefieschi. Der Ort ist auch mit dem Bus zu erreichen.

Einkehr Unterwegs keine, nach der Tour in Crocefieschi

Der Wegverlauf

Die Wanderung beginnt in der schönen, verkehrsberuhigten **Hauptgasse von Crocefieschi A**. Kurz hinter der Tankstelle zweigen wir von der Hauptstraße ab (Parkplatz wenige Meter in Richtung Norden), hier ist der »Monte Reopasso« bereits angeschrieben (Markierung: gelbes Quadrat). Wir laufen die Hauptgasse entlang, wo wir unseren Proviant in netten Alimentari-Läden aufstocken können, lassen eine große Kirche rechts liegen und gehen die Via della Chiesa gerade hinauf und somit langsam aus dem Ort hinaus. Bereits jetzt werden schöne Fernblicke frei.

164

Gemütlicher Start

Auf flachem Teerweg marschieren wir weiter und haben einen reizvollen Rückblick auf Crocefieschi. Wir kommen rechts an einer bemalten Kirche vorbei, die einen schönen Vorplatz hat. Nun geht es leicht bergab und an einer Gabelung nach rechts. Auf einem Fahrweg wandern wir weiter in lichten Kastanienwald. Nach einem kurzen Anstieg verlassen wir den Fahrweg, indem wir bei einer Kurve geradeaus einem Fußweg folgen. Nach Haselbüschen führt der Weg leicht bergab. Fast schlagartig taucht beeindruckend das erste Felsmassiv des Reopasso vor uns auf. Leicht absteigend gelangen wir zu einem Sattel und zu den ersten Felsen. Hier zweigt rechts die Klettersteigvariante ab.

Der Costa del Reopasso stürzt nach Osten hin steil ab.

Die Reopasso-Felsen bestehen aus braunem Konglomeratgestein.

Variante für Kletterer: Konglomerat-Kraxeln

Der direkt über die Reopasso-Felsen führende Klettersteig La Ferrata del Reopasso (Schwierigkeit C/D) bietet sensationelle Ausblicke. Eine Klettersteigausrüstung mit Helm und Gurt ist jedoch unbedingt erforderlich. Der Klettersteig besteht aus vier Abschnitten auf jeweils einen Felsgipfel hinauf und wieder hinunter. Wem das schwerste Stück, der steile Gipfelanstieg zum Nordgipfel, zu schwer ist (hier gibt es wie auf der ganzen Steiganlage keine künstlichen Trittstufen), kann davor problemlos auf den Normalweg wechseln. Der südliche Reopasso-Felsen bietet an seiner Westseite außerdem moderate Mehrseillängen-Touren (IV bis VI UIAA).

Aber Achtung: Das Konglomeratgestein ist für diejenigen, die diese Art des Kletterns nicht kennen, ein wenig gewöhnungsbedürftig.

Zudem sind die Hakenabstände nicht gerade gering. Auch bei Nässe sind die runden Kiesel-Gesteine keinesfalls zum Klettern zu empfehlen.

Moderater Weiterweg für Bergwanderer

Da für uns eine Klettertour ohne entsprechende Ausrüstung und Erfahrung nicht infrage kommt, gehen wir weiter geradeaus. Der Weg quert unterhalb der Westseite der Konglomeratfelsen. An einer Brotzeitbank befindet sich eine weitere Abzweigung zum bei den Genueser Bergsteigern recht beliebten Klettersteig. Wir wandern daher links weiter. Der Weg verläuft zum Teil etwas ausgesetzt über die felsige Südwestflanke. Schließlich erreichen wir einen von rechts herabziehenden Bergrücken.

Felsiger Anstieg

Hier wendet sich der Anstieg nach rechts (kleines Holzschild und verblichene Markierungen) und führt nun deutlich steiler über felsiges Gehgelände (teilweise Stahlseile) bergan. Ab jetzt ist gute Trittsicherheit sehr vorteilhaft.

Schließlich wenden wir uns nach rechts und erreichen das Gipfelkreuz des südlichen **Reopasso-Felsens** **1** (1:15 Std.). Direkt gegenüber liegt der Vorgipfel, wo der Klettersteig endet. Dazwischen ist ein kleiner Sattel, an dessen Nordseite eine kleine Berghütte wie ein Schwalbennest an den Felsen klebt.

Nach einer aussichtsreichen Rast wenden wir uns wieder nach Norden und steigen, dem Pfad und den Markierungen folgend, zwischen ein paar Büschen hinab. Sogleich wandern wir über einen felsigen Rücken, der den soeben bestiegenen Gipfel mit dem vor uns liegenden Reopasso-Hauptgipfel verbindet. Der schmale Weg quert zunächst westlich unter dem Gipfelaufbau hindurch und macht dann in einem Wäldchen eine scharfe Kehre nach rechts. Über einen erodierten Pfad erreichen wir den Gipfelaufbau, wo ein Pfad in Serpentinen weiter bergan führt. Zum Schluss müssen wir eine kurze Kletterstelle im unteren zweiten Schwierig-

Der Weg zum Gipfel ist gut beschildert.

Kletterer besteigen den Hauptgipfel
über seine Südwand

keitsgrad meistern, wobei ein solides Stahlseil behilflich ist. Der Gipfel **Costa del Reopasso** 2 (1:45 Std.) ist Nord- und Hauptgipfel des Massivs und bietet eine großartige Aussicht auf das tief unterhalb gelegene Vobbia.

Zurück nach **Crocefieschi** E (3:00 Std.) geht es auf demselben Weg.

Es lohnt sich durchaus, in dem netten Bergort eine Nacht zu verbringen, bevor man der »Entdeckertour« entsprechend in Richtung des Naturparks Antola weiterfährt.

Ein Treffpunkt der Bergsteiger und Kletterer ist unter anderem die kleine Bar »E sempro asso« an der Piazza IV Novembre 1. Hier kann man bei einem frisch gezapften Bier viele weitere interessante Wanderrouten rund um Crochefieschi in Erfahrung bringen.

... trittsichere Wanderer hingegen von Westen.

31 CASTELLO DELLA PIETRA UND VOBBIA-TAL

Burgbesichtigung und Badevergnügen

Das direkt auf der Anreise zur Wanderung auf den Costa del Reopasso gelegene Castello della Pietra, eine Burg aus dem 13. Jahrhundert, muss man unbedingt besuchen. Im Anschluss locken Badegumpen und ein Naturschwimmbad.

Lage Im Vobbia-Tal an der Südwestseite des Ligurischen Hauptkammes, GPS 44.6153, 9.0139

Anfahrt Mit dem Auto auf der A7 bis Ausfahrt Isola del Cantone, dann weiter in Richtung Vobbia. 3 km vor Vobbia befindet sich ein ausgeschilderter Parkplatz.

Einkehr Vor Ort keine

Info http://parcoantola.it

Vom Parkplatz folgen wir der Straße noch 400 Meter weiter, dann führt uns ein sehr schöner Weg links in etwa 15 Minuten zu der fabelhaft gelegenen Burg. Sie klebt wie ein Schwalbennest zwischen zwei teils 150 Meter hohen Konglomeratfelsen. Geöffnet ist sie von Ostern bis Mitte Oktober an Sonn- und Feiertagen.

Einzigartige Felsenburg

Von allen Entstehungsgeschichten ist eine Version, die die Errichtung der Burg um das Jahr 1000 datiert, am wahrscheinlichsten. Demnach ließen die Bischöfe von Tortona das Kastell zur Verteidigung gegen die Sarazenen-Einfälle bauen, welche ab etwa 800 n. Chr. Ligurien in Atem hielten. Nachdem im Laufe der Jahrhunderte der Besitz von einer Adelsfamilie zur nächsten wechselte, wurde die Burg im Jahr 1979 schließlich der Gemeinde Vobbia übereignet, die das Bauwerk vor wenigen Jahren restaurierte.

Im unteren Teil des Gebäudes befanden sich der Eingang, die Pulverkammer, die Zisterne und der Kerker. Darüber lag ein großer quadratischer Saal. Im Ostflügel gab es eine Verbindungstreppe, die nach oben zu den weiteren Stockwerken und Räumen führte.

Nach der Burgbesichtigung, die nur im Rahmen von Führungen möglich ist (immer zur halben Stunde auf Italienisch), gibt es am Vobbia-Bach Erfrischungsmöglichkeiten für heiße Sommertage. Die Straße führt immer am Fluss entlang, der nette Kiesstrände mit kleinen Badegumpen bietet. Weiter unten bei Vobbietta gibt es sogar ein aufgestautes Naturschwimmbad, das Abkühlung verspricht. Allerdings hängen die Bademöglichkeiten entlang des Bergbaches natürlich davon ab, wie feucht oder trocken das Sommerhalbjahr ist.

Am Vobbia-Bach gibt es einige nette Kiesbänke.

Hauptattraktion des Tales ist natürlich das Castello della Pietra.

32 VON CROCETTA D'ORERO NACH CRETO

Einsame Wege im Hinterland von Genua

Die aussichtsreiche Wanderung im hügeligen Hinterland Genuas ist zwar nicht besonders lang, wird aber durch die Fahrt mit der nostalgischen Schmalspurbahn Genua–Casella zu einem netten Tagesausflug.

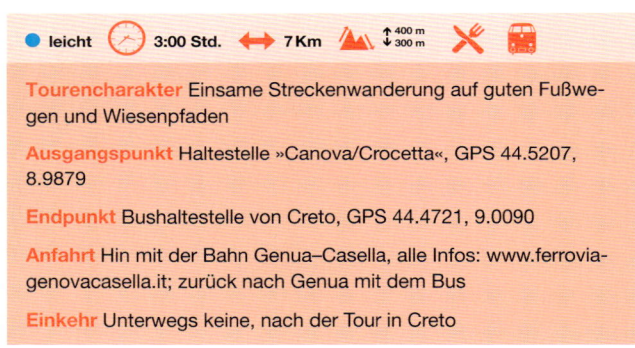

● leicht 🕐 3:00 Std. ↔ 7 Km ⛰ ↑ 400 m ↓ 300 m 🍴 🚌

Tourencharakter Einsame Streckenwanderung auf guten Fußwegen und Wiesenpfaden

Ausgangspunkt Haltestelle »Canova/Crocetta«, GPS 44.5207, 8.9879

Endpunkt Bushaltestelle von Creto, GPS 44.4721, 9.0090

Anfahrt Hin mit der Bahn Genua–Casella, alle Infos: www.ferroviagenovacasella.it; zurück nach Genua mit dem Bus

Einkehr Unterwegs keine, nach der Tour in Creto

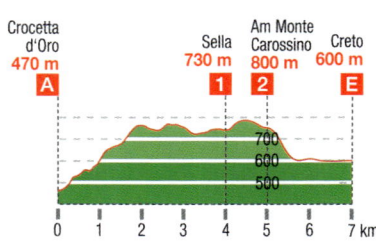

Der Wegverlauf

Nach der Bahnfahrt steigen wir an der Haltestelle **»Canova/Crocetta«** A aus. Da dies eine Bedarfshaltestelle ist, muss man Bescheid sagen bzw. den Knopf »Prenotazione Fermata« drücken. Von der Haltestelle gehen wir die Straße nach rechts zu einer Kreuzung hinauf und folgen der »AV«-Markierung in eine weitere Straße halb links bergan. Kurz nach dem letzten Haus verlassen wir die Straße und wandern geradeaus in einen Pfad, der weiter bergauf führt.

Nach einer Wiese stoßen wir noch einmal auf eine Straße, die uns nach links bis zu einer Kirche bringt. Hinter dieser folgt ein Fahrweg, der zum Fußweg wird. Bei einer Gabelung halten wir uns rechts und steigen auf breiterem Weg steiler bergan. Wir erreichen den Höhenrücken, wo sich Steineichenhaine und Wiesen abwechseln. An einer weiteren Gabelung schwenken wir wieder nach rechts und verlassen den Kamm, um ihn kurz darauf erneut zu erreichen. Der Weg ist hier ziemlich zugewachsen.

Schöne Aussichten

Bei einer am höchsten Punkt stehenden Steineiche wenden wir uns nach rechts und steigen in Richtung der unterhalb liegenden Häuser ab. Wir kommen an einem Kreuz vorbei. Der Weg ist hier in viele Arme aufgeteilt, wird aber wieder eindeutig und wir stehen an der Straße vor den wenigen Häusern von Sella. Hier gehen wir weiter bis zu der vor uns liegenden **Kapelle 1** (1:45 Std.).

Hinter ihr gabelt sich der Weg und wir folgen halb links der »AV«-Markierung. Nach einem flachen Wegstück im Wald geht es kurz bergan und wir gelangen zum Sattel zwischen Monte Sella und Monte Carossino. Geradeaus kommen wir unterhalb des **Monte Carossino 2** (2:20 Std.) vorbei, gehen bei der Gabelung links und erreichen den Sattel zwischen Monte Carossino und Monte Alpe.

Auf dessen Ostseite wandern wir über Wiesenhänge weiter und haben bald Creto im Blick. Der Weg ist wieder ziemlich zugewachsen. Auf jeden Fall sollte man nicht zu tief absteigen, sondern sich eher Richtung Süden halten, um die heraufführende Schotterstraße zu erreichen. Über sie kommen wir auf eine Teerstraße, die auf die Hauptstraße von **Creto E** (3:00 Std.) stößt.

Der schöne Höhenzug unweit von Sella

In Creto kann man sich, bis der nächste Bus nach Genua fährt, in zwei Gaststätten stärken. Sowohl die »Locanda dei Cacciatori« als auch die »Barcabà Pizzeria« sind empfehlenswert.

Letztgenannte vor allem für all diejenigen, die nach der Wanderung Lust auf eine leckere Holzofenpizza und frisch gezapftes Bier haben.

INFO

Alle Informationen zur Schmalspurbahn Genua nach Crocetta d'Oro findet man unter: www.ferroviagenovacasella.it (italienischsprachig)

Hier oben ist der Trubel von Liguriens Hauptstadt nicht nur geografisch weit entfernt, was Creto zum genau passenden Endpunkt für diese recht wenig frequentierte Wanderung macht.

Der Bus nach Genua, Haltestelle Brignole (von wo man aus in die Metro zum Stadtzentrum umsteigen kann), benötigt etwa 45 Minuten und fährt nachmittags in etwa stündlich.

Historischer Wagen der Bahnlinie
Genua–Casella, mit der man zum
Ausgangspunkt kommt.

33 ZUM FORTE DIAMANTE

Genuas mittelalterliche Festungsanlagen

Genua besitzt eine landschaftlich großartige Wanderung, die fast mitten im Stadtzentrum beginnt. Vom Aussichtspunkt Righi führt sie entlang stolzer Burgen zum imposanten Forte Diamante hinauf.

● leicht 🕐 3:00 Std. ↔ 6 Km 🏔 ↑360 m ↓230 m 🍴 ☺ 🏛 ☼ 🚆

Tourencharakter Aussichtsreiche Burgen-Wanderung auf guten Wegen, allerdings kaum Schatten

Ausgangspunkt Righi, GPS 44.4241, 8.9379 (zu erreichen mit der Zahnradbahn vom Largo Zecca in Genua)

Endpunkt Zughaltestelle Campi, GPS 44.4642, 8.9554

Anfahrt Ab Genua mit der Zahnradbahn nach Righi. Vom Endpunkt mit der Schmalspurbahn zurück nach Genua

Einkehr Trattoria am Colle di Trensasco, Bar an der Haltestelle Campi

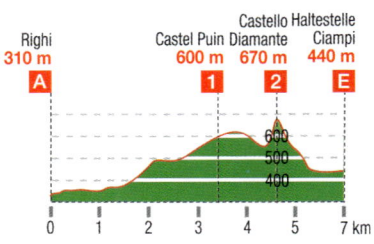

Der Wegverlauf

In Genua fahren wir vom Platz Largo Zecca zunächst mit einer Standseilbahn zum Aussichtspunkt **Righi** 🅰 hinauf. Dort gehen wir zur Straße und folgen dieser halb rechts hinab. Wir verlassen die Straße bei einer Schranke und steigen den gepflasterten Weg bergan. Es folgen ein flacher Fahrweg und eine Teerstraße, die wir bald wieder rechts verlassen. Nach einem Pfad laufen wir eine Straße entlang und zweigen später von ihr links in einen steiler aufwärts führenden Fußweg ab.

Wir queren unterhalb des Castello Sperone hindurch und erreichen den Scheitel des Bergrückens. Der traumhaften Aussicht halber empfiehlt es sich, am Rücken weiterzuwandern und nicht den Fahrweg zu benutzen, auf den wir hier treffen. Wir gehen auf einen Hügel mit Sendemast zu und kommen zum **Forte Puin 1** (1:15 Std.).

Tolle Aussichten auf Genua

Das Forte Puin ist eine der am besten erhaltenen Festungen des genuesischen Verteidigungssystems aus dem 19. Jahrhundert. Es ist auf

Das Forte Sperone

einem Panoramahügel gelegen, weshalb man von hier den gesamten Naturpark Parco delle Mura überblickt. Aus diesem Grund hat der Stadtrat beschlossen, die Festung für die frühzeitige Entdeckung von Waldbränden zu nutzen.

Noch vor der Burg wenden wir uns nach links zum Fahrweg und nach einer Weile können wir rechts wieder auf dem Bergrücken weiterwandern. Bei einem mäßig ausgeprägten Sattel treffen wir auf den sich gabelnden Fahrweg. Wir folgen dem linken Weg und stehen bald vor dem Forte Fratello Minore. Nun geht es wieder ein Stück zurück und halb links auf den gegenüberliegenden Berg empor. Dort stand früher das Forte Fratello Maggiore. Gegenüber zieht das Forte Diamante die Blicke auf sich. Wir wandern über den Bergrücken wieder ein Stück bergab und auf der anderen Seite in 15 Kehren eines gepflasterten Weges zum mächtigen **Forte Diamante** **2** hinauf (2:30 Std.).

Die zweitlängste Burgmauer der Welt

Die imposante Burganlage ist Teil der alten Verteidigungsmauern von Genua. Sie wurde 1758 auf dem Gipfel des Monte Diamante in 667 Meter Höhe errichtet. Ihre Position mit Blick auf die Täler Val Polcevera und Val Bisagno sowie die Entfernung zum Stadtzentrum machten sie zum wichtigsten Bollwerk der Stadt, welches vor Angriffen aus dem Norden schützte. Genua war im Mittelalter und in der Renaissance neben Venedig die führende Seemacht im Mittelmeerraum. Da es nicht wie Venedig von Wasser umgeben war, musste zum Schutz eine gewaltige Stadtbefestigung angelegt werden. Die Stadtmauer Mura Nuove (1629–1632) ist mit ihren dreizehn Kilometern – laut Fremdenverkehrsamt – die zweitlängste Mauer der Welt.

Vor der Tour kann man in Genua Proviant einkaufen.

Nachdem wir das tolle Panorama ausgiebig genossen haben, gibt es zwei Möglichkeiten, nach Genua zurückzukehren: Entweder wir gehen auf

Zum Forte Diamante steigt man zuletzt
über einige Serpentinen auf.

Blick zurück nach Genua

gleichem Weg zurück oder wir wandern weiter in Richtung Osten bis zum kleinen Bahnhof Campi. Dafür geht es zunächst über den Nordostrücken über zeitweise steilere Wiesenhänge zum Colle di Trensasco hinab, wo sich eine kleine Trattoria befindet. Wir halten uns links in Richtung des Dorfes Casanova. Bei der zweiten Kurve verlassen wir die Straße wieder und folgen geradeaus dem kleinen Sträßchen, das zur Haltestelle **Campi** **E** (3:00 Std.) der Schmalspurbahn Genua-Casella führt. Mit dieser geht es sehr romantisch zurück nach Genua.

Mit der Schmalspurbahn zurück

Die Fahrt mit der kleinen Schmalspurbahn ist die wohl romantischste Art, das hügelige Hinterland zu erkunden. Die Spurweite beträgt statt der normalen 1,40 Meter nur einen Meter. Dementsprechend langsam müht sich der Zug bergauf und bergab. Für die 24 Kilometer lange Strecke nach Casella benötigt er eine ganze Stunde. Dennoch wird einem während der aussichtsreichen Fahrt nicht langweilig, die Umgebung bietet viele schöne Eindrücke.

Die 1924 gebaute Lokomotive ist übrigens eine der ältesten noch in Betrieb befindlichen Zugmaschinen Italiens. Während des Zweiten Weltkriegs hatte die Linie eine große Bedeutung bei der Evakuierung Genuas. In den 1960er-Jahren wäre die Bahn beinahe stillgelegt worden. Zum Glück haben sich die Benutzerzahlen seitdem kontinuierlich nach oben entwickelt.

Der Ausgangsbahnhof in Genua/ Piazza Manin liegt auf einer Höhe von 93 Metern über Meeresniveau, nach neun Kilometern werden bei der Siedlung Trensasco 370 Meter erreicht und der Endbahnhof Casella liegt auf einer Höhe von 410 Metern. Der höchste Punkt der Bahnstrecke wird mit 458 Metern bei der Wasserscheide der Gemeinde Crocetta d'Orero erreicht. Die maximale Steigung auf der Strecke beträgt 45 Prozent.

Mit der Bahn geht es nach Genua zurück.

34 SPAZIERGANG DURCH GENUA

Vom modernen Hafen zu alten Palästen

Genua besitzt zwar nicht den mittelalterlichen Charme von Städten wie Florenz oder Siena. Dafür erlebt man eine authentische italienische Großstadt, die von Touristenmassen und Andenkenläden verschont geblieben ist und interessante Sehenswürdigkeiten zu bieten hat.

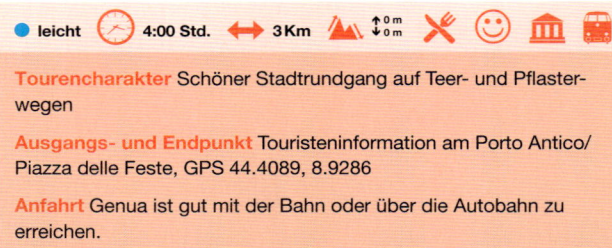

Tourencharakter Schöner Stadtrundgang auf Teer- und Pflasterwegen

Ausgangs- und Endpunkt Touristeninformation am Porto Antico/Piazza delle Feste, GPS 44.4089, 8.9286

Anfahrt Genua ist gut mit der Bahn oder über die Autobahn zu erreichen.

Einkehr Alle nur erdenklichen Gastronomie-Angebote

Der Wegverlauf

Wir beginnen den Rundgang durch Genua an der **Piazza delle Feste** A am Porto Antico, wo sich auch eine Touristeninformation befindet. Der alte Hafen wurde zur Expo 1992 anlässlich des Kolumbusjahres von dem Genueser Architekten Renzo Piano komplett umgestaltet. Hier befinden sich vier Sehenswürdigkeiten: Im Kongresszentrum wurde die Città dei Bambini mit spielerischen pädagogischen Angeboten zum Thema Wissenschaft und Technik eingerichtet. Auch ist es möglich, sich auf den 40 Meter hohen »Bigo« (Mastbaum) ziehen zu lassen. Die Hauptattraktion des Hafenviertels ist jedoch das »Acquario di Genova«. Es besitzt große Wasserbecken mit Fischen aus allen Teilen der Erde: Das Spektrum reicht von Korallenfischen und Haien über Brackwasserfische der Tropenflüsse bis zu Robben und Pinguinen. Das vierte Hafen-Highlight ist ein Piratenschiff, das für Roman Polanskis Film »Piraten« nach Orginalplänen gebaut wurde und zu besichtigen ist.

Am Hafen gehen wir unter der Hochstraße hindurch und überqueren die Piazza Caricamento. Rechts liegt das ehemalige Rathaus von Genua, der Palazzo San Giorgio aus dem 13. Jahrhundert. An den ersten Häu-

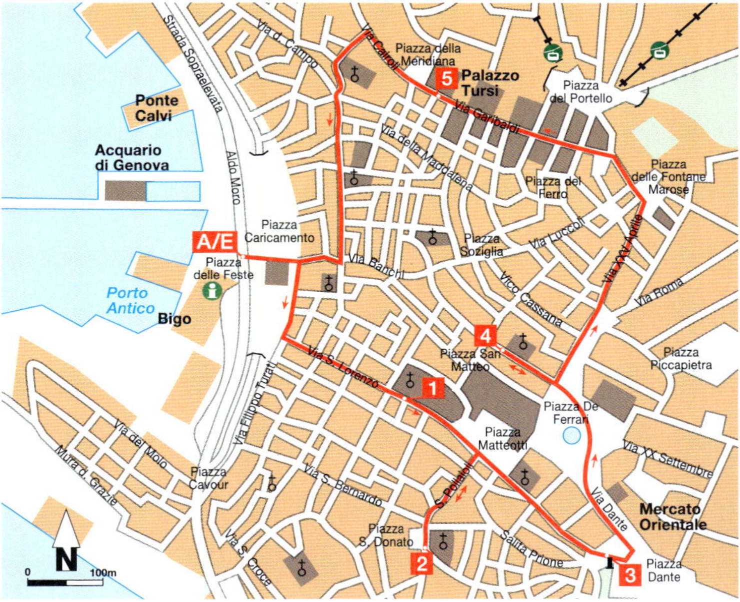

Abendstimmung über den Dächern von Genua

Palast-Turm im Westen Genuas

sern der Altstadt wenden wir uns nach rechts und folgen den Arkaden bis zur Via San Lorenzo. Dort biegen wir links ein und stehen bald vor der Kathedrale **San Lorenzo** **1**. Das Bauwerk aus dem 12. bis 13. Jahrhundert besitzt ein wunderschönes Portal, das von einer weiß-schwarzen gotischen Fassade eingefasst wird. Berühmt ist die Kirche auch wegen ihres Kirchenschatzes im »Museo del Tesoro«: Sein Prunkstück ist eine Glasschüssel, die Jesus beim Abendmahl benutzt haben soll.

MARKTTREIBEN

Nicht nur Schleckermäulern sei ein Besuch des Mercato Orientale an der Via Galata empfohlen. Von bunt leuchtendem Obst über viele Käsesorten bis zu exotischen Meeresfrüchten findet man hier alles, was dem Gaumen Freude bereitet. Der Markt ist auch nachmittags geöffnet, am Vormittag aber lebendiger.

Weiter der Via San Lorenzo folgend, gelangen wir zum Piazza G. Matteotti vor dem Palazzo Ducale. Der imposante Bau besitzt eine klassizistische Fassade. Von hier lohnt der Abstecher über die Salita Pollaiuoli zur schönen romanischen Kirche **San Donato** **2**. Wieder zurück an der Via San Lorenzo, wenden wir uns nach rechts und folgen der Via di Porta Soprana zum gleichnamigen Stadttor. Den besten Blick auf das 1155 errichtete Bauwerk hat man von der **Piazza Dante** **3** aus. Neben dem Tor befinden sich das Haus, in dem Kolumbus gelebt haben soll, sowie ein wiederaufgebauter schöner Kreuzgang des Klosters Sant'Andrea.

Über die Via Dante gelangen wir zum Springbrunnen an der Piazza De Ferrari. Von rechts stößt die Via XX Settembre hinzu, unter deren Arkaden sich die Modegeschäfte Genuas befinden. Am Piazza De Ferrari machen wir einen ganz kurzen Abstecher: Über die Salita San Matteo steigen wir zur **Piazza San Matteo** **4** auf. Dieser vielleicht schönste Platz Genuas ist von Häusern der Familie Doria umgeben. Die Kirche San Matteo besitzt einen schönen Kreuzgang. Zum Aufsperren fragt man im kleinen Laden links vom Kirchenportal.

Marktimpression in Genua

Blick zum Alten Hafen

An die Piazza De Ferrari zurückgekehrt, folgen wir der Via XXV Aprile und stoßen an der Piazza delle Fontane Marose auf die Via Garibaldi. An der verkehrsberuhigten Straße geben sich die stolzen Paläste Genuas ein Stelldichein. Die meisten Bauwerke wurden im 16. Jahrhundert errichtet, als Genua eine große Blütezeit erlebte. Man sollte in den **Palazzo Tursi** 5 hineinschauen, um einen Eindruck von den Prachtbauten und ihren großen Innenhöfen zu bekommen. Zwei der Paläste besitzen Gemäldesammlungen: In der Galleria di Palazzo Rosso liegt der Schwerpunkt auf niederländischer und spanischer Malerei, während in der Galleria di Palazzo Bianco genuesische und venezianische Werke ausgestellt sind.

Nach der Via Garibaldi spazieren wir ein Stück die Via Cairoli entlang, um sogleich in die Via San Siro einzubiegen. Nach wenigen Metern kommen wir an einer Kirche vorbei, die dem Stadtpatron San Siro geweiht ist. Er rettete die Stadt der Legende nach vor einem Lindwurm. Weiter geht es über die Via San Luca, eine nette Einkaufsstraße mit ganz unterschiedlichen Geschäften. Sie stößt auf die kleine, hübsche

Der Springbrunnen am Piazza Ferrari

Piazza Banchi. Neben Blumenverkäufern und Buchhändlern befinden sich hier auch die alte Markthalle Loggia dei Mercanti und das hübsche Kirchlein San Pietro in Banchi.

Nun können wir uns entweder nach rechts wenden, um in wenigen Schritten zum **Ausgangspunkt** **E** zurückzugelangen. Oder wir folgen links der Via Banchi und lassen uns noch in dem geschäftigen Gassengewirr des Stadtkerns treiben, wo wir uns vielleicht zum Abschluss des Stadtspaziergangs in einem der Kaffeehäuser verwöhnen lassen. Zum Essengehen ist in der Altstadt die hübsche Piazza Lavagna mit den umliegenden Restaurants eine gute Adresse. Ebenfalls in der Altstadt liegen das stimmungsvolle »Le Cantine Squarciafico« sowie das gemütliche Traditionslokal »Trattoria Da Franca« (Vico della Lepre 8) mit seiner viel gelobten Fischküche. Am Porto Antico gibt es zudem vorn bei den »Magazini« (an der Città dei Bambini) verschiedenste Lokale mit schönem Blick auf Hafenbecken und Stadt. Dabei reicht das Spektrum vom Schnellimbiss bis zum guten Restaurant – je nachdem, was die Urlaubskasse noch hergibt.

35 AUF DEN MONTE TOBBIO

Panoramaberg mit Alpen-Blick

Der Monte Tobbio gehört zwar politisch schon zur Region Piemont, geologisch ist er aber eindeutig ligurischer Abstammung. Bei guter Sicht reicht der Gipfelblick über die Poebene bis zu den Alpen.

Tourencharakter Äußerst aussichtsreiche Gipfelbesteigung auf guten, meist angenehm geneigten Fuß- und Bergwegen

Ausgangs- und Endpunkt Colle degli Eremiti, GPS 44.5997, 8.807189

Anfahrt Mit dem Auto auf der A7 bis Ausfahrt Busalla und weiter nach Voltaggio. Am Parkplatz nördlich des Ortszentrums der Beschilderung »Parco Naturale Capanne di Marcarolo« folgen und auf Bergstraße weiter zum Colle degli Eremiti.

Einkehr Unterwegs keine

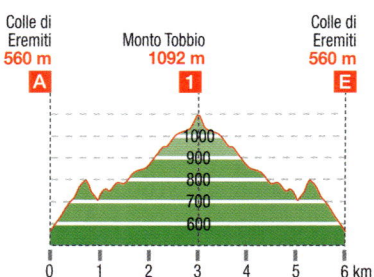

Der Wegverlauf

Da der Berg etwas abgelegen ist, sind hier im Gegensatz zu den Küstentouren selbst an schönen Wochenenden vergleichsweise wenig Leute unterwegs. Wir starten am **Colle degli Eremiti** A bei der kleinen Kapelle. Rechts von ihr beginnt ein schmaler Weg, dem wir in Richtung Westen folgen (Markierung: gelber Kreis mit Balken, Wegweiser »Monte

Tobbio Escursionisti Esperti«; nicht den Weg links der Kapelle nehmen). Durch lichten Pinienwald geht es flach bergauf. Bald stoßen wir auf einen breiteren Weg, auf den wir rechts einschwenken. An der nächsten Kehre verlassen wir ihn wieder, indem wir geradeaus weiterwandern.

Nun geht es in leicht ansteigenden Querungen bzw. lang gestreckten Pfad-Serpentinen wenig steil bergan. Vor einer tiefen Rinne macht der Weg eine markante Kehre. Hier sehen wir auch schon die auf dem Gipfel stehende weiße Kirche. Kurz darauf erreichen wir den breiten Nordrücken, dem der Weg nun ein Stück weit folgt. Der Umwelt zuliebe sollte man nicht die auf dem Rücken verlaufenden Abschneider neh-

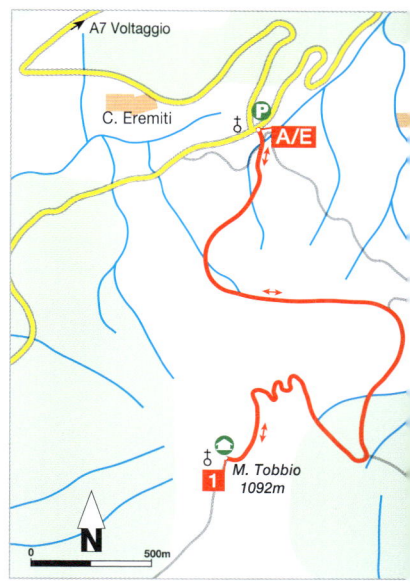

Beim Aufstieg reicht der Blick hinüber ins Piemont.

Die Gipfelkirche bietet auch einen Schutzraum für Bergwanderer.

men. Solche Pfade verwandeln sich bei Gewittern in kleine Wildbäche, wodurch die Vegetationsdecke Schaden nimmt.

Im Gegensatz zu den zum Meer hin orientierten Berghängen des Ligurischen Hauptkammes, die vor allem im Winter viel Niederschlag abbekommen, ist die gesamte Nordflanke des Berges nicht mit Buchenwald, sondern mit lichtem Pinienwald bedeckt. Dieser benötigt deutlich weniger Wasser zum Überleben. Unser Steig quert schließlich flach und kurz ganz leicht ausgesetzt die Nordostflanke des Monte Tobbio und stößt an einem Bergrücken auf einen breiteren Weg, dem wir rechts hinauffolgen. Bald sehen wir den Gipfel ganz nah. Zuletzt geht es weiter ohne jegliche Orientierungsprobleme über die Südostseite des Berges zur weißen Gipfelkirche am **Monte Tobbio** **1** (1:30 Std.).

Schon beim Aufstieg wundert man sich, dass an so einem entlegenen Gipfel eine so große Kirche steht, deren Bau dort oben bestimmt aufwendig war.

Kirche mit Kochmöglichkeit

Das Hauptportal des Sakralbaus ist zwar geschlossen, eine kleine Tür an der Ostseite ermöglicht aber den Eintritt. Hier befinden sich zwei kleine Räume, die sogar einen Ofen haben. Zum Übernachten muss man allerdings Holz und eine Isomatte selbst mitbringen. Die Kirche feierte im Jahr 1999 übrigens ihr 100-jähriges Bestehen. Zur Gipfelmesse wurde damals extra ein Hubschrauber-Shuttle für die älteren Herrschaften eingerichtet.

GAUMENSCHMAUS

Nach der Wanderung lohnt es sich, einen kleinen Zwischenstopp im netten Voltaggio einzulegen. Das selbst gemachte Gelato in der Eisdiele unweit der Kirche schmeckt hervorragend.

Großartiges Panorama

Da der Monte Tobbio dem Ligurischen Hauptkamm etwas nördlich vorgelagert ist, bietet er eine spannende Aussicht: Im Süden grüßen die Berge des Parco Naturale delle Capanne di Marcarolo, deren höchste Erhebung der Monte delle Figne ist. Der Blick nach Norden schweift über die breite Fläche der Poebene. Und wenn man Glück hat, reicht die Sicht sogar bis zum südlichen Alpenrand. Deswegen sollte man sich diese Wanderung unbedingt für das Frühjahr oder den Herbst vornehmen, wenn die Luft noch bzw. wieder klar ist.

Der Abstieg zurück zum **Colle degli Eremiti** **E** (2:45 Std.) erfolgt auf dem gleichen Weg, wobei wir auch hier wieder wegen der Erosionsproblematik darauf achten sollten, keine Abschneider, sondern den Hauptweg zu benutzen. Denn bei starkem Regen können sich solche Trampelpfade durchaus in kleine Wildbäche verwandeln, die wertvolle Erde mit ins Tal reißen.

Da Problembewusstsein hierzu ist im deutschsprachigen Alpenraum mittlerweile recht gut. Zudem werden Abzweiger von den Wegereferenten des DAV auch mit Steinen optisch versperrt. In Ligurien herrscht aber noch oft Handlungsbedarf.

Und das gilt nicht nur für italienische Wanderer. Denn wenn eine Abkürzung bereits vorhanden ist, geraten auch sonst bewusste Bergsteiger oft in Versuchung, diese zu benutzen.

36 ZUM MONTE PRACABAN

Waldreiche Wanderung an der Grenze zum Piemont

Diese recht einsame Tour führt über meist gute Wald- und Bergwege durch Liguriens wunderschöne Kastanien-Bergwälder auf einen attraktiven Aussichtsberg.

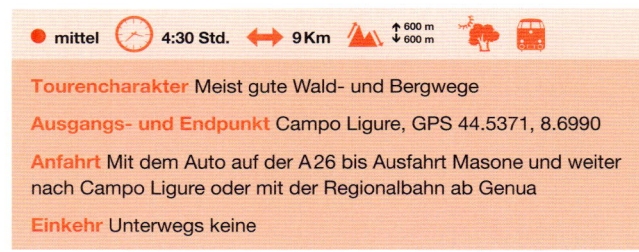

● mittel   4:30 Std.   9 Km   ↑ 600 m ↓ 600 m

Tourencharakter Meist gute Wald- und Bergwege

Ausgangs- und Endpunkt Campo Ligure, GPS 44.5371, 8.6990

Anfahrt Mit dem Auto auf der A 26 bis Ausfahrt Masone und weiter nach Campo Ligure oder mit der Regionalbahn ab Genua

Einkehr Unterwegs keine

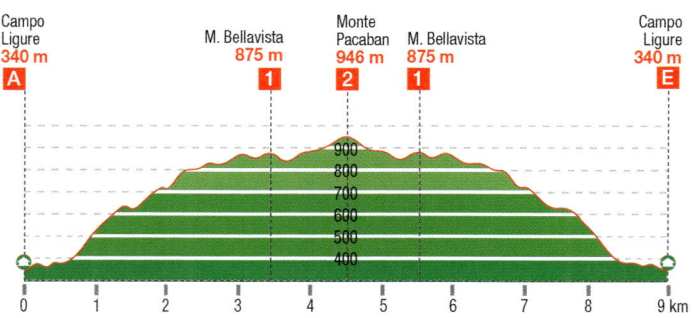

Der Wegverlauf

Am Hauptplatz von **Campo Ligure** A wenden wir uns vor der Kirche nach links und folgen der Gasse über eine Brücke (Markierung: gelbes Andreaskreuz). Gleich nach dieser geht es rechts zu einem Brunnen und einer Treppe, wo wir auf eine Teerstraße treffen. Wir steigen die Straße bergan und zweigen an einer Kehre auf ein schmäleres Sträßchen ab.

Die Teerstraße führt bergan und geht nach dem Anwesen in einen Erd- bzw. Steinweg über. Wir folgen diesem durch den Wald und er-

reichen, nachdem wir uns bei einer Gabelung rechts gehalten haben, eine Wiese. Diese überqueren wir, um am anderen Ende wieder in den Wald einzutauchen. Dort ist der Weg wieder deutlich erkennbar und macht sogleich eine 180°-Kehre, um parallel oberhalb der Wiese zurückzuführen.

Durch Wald zur »Schönen Aussicht«

Das nächste Wegstück ist angenehm flach. Bald wird es jedoch wieder steiler und nach einer Kehre verwandelt sich der Weg in einen Hohlweg. Nach der Überquerung eines Rinnsals wird der Weg zum Pfad. Der Wald wird lichter und kurze Zeit später erreichen wir den **Monte Bellavista 1** (1:30 Std.).

Nach einer Rast folgen wir dem Scheitel nach Osten, um bei einem Baum mit drei gelben Punkten wieder in den Wald zu wandern. Der Weg mit der Markierung Andreaskreuz mündet von rechts ein, sodass der Weg nun breiter wird. Insgesamt wird auch der Wald lichter, weshalb wir den Monte Pracaban immer wieder durch die Blätter schimmern sehen können.

Wir treten schließlich aus dem Wald heraus, überqueren einen Fahrweg und steigen eine Wiese hinauf in Richtung einiger Haselbüsche. Noch einmal geht es kurz durch den Wald, bevor wir über einen sanften Wiesenrücken den Steinmann des **Monte Pracaban 2** (2:30 Std.) erreichen.

Zurück nach **Campo Ligure E** (4:30 Std.) geht es auf demselben Weg. Besonders prächtig ist die Gebirgsflora rund um den höchsten Gipfel Monte Saccarello.

37 BESTEIGUNG DER PUNTA MARTIN

Auf den Hausberg von Acquasanta

Von Acquasanta führt eine aussichtsreiche Kammwanderung zum ziemlich exakt 1000 Meter hohen Felsgipfel der Punta Martin. Die etwas anstrengende Besteigung wird mit einem fantastischen Ausblick auf Genua und das Meer belohnt.

● schwer 4:45 Std. ⟷ 9 Km ↑ 800 m ↓ 800 m

Tourencharakter Aussichtsreiche Kammtour, die gute Trittsicherheit erfordert, an kurzen Stellen muss man etwas klettern.

Ausgangs- und Endpunkt Bahnhof von Acquasanta, GPS 44.4587, 8.7731

Anfahrt Mit dem Auto von Genua/Voltri über Mele (SP 456) oder mit der Regionalbahn ab Genua

Einkehr Unterwegs keine, nach der Tour in Acquasanta

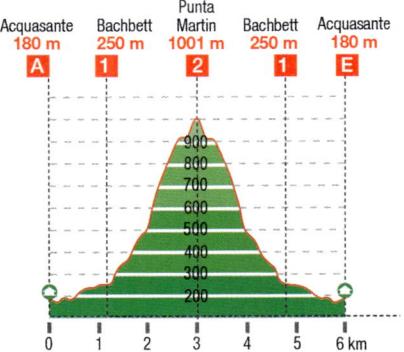

Der Wegverlauf

Wir starten die Tour am Bahnhof von **Acquasanta** A und folgen den Gleisen ein Stück nach Westen. Vor einem Umspannungswerk überqueren wir sie und erreichen eine Treppe, wo sich auch schon die erste Markierung befindet (roter Strich mit Punkt). Über die Treppe steigen wir hinauf und wandern auf steinigem Weg durch Mischwald. Kurz darauf treffen wir auf einen Fahrweg. Diesem folgen wir geradeaus, an einer Gabelung gehen wir links. Wir gelangen auf die andere Seite des breiten Rückens und blicken in ein Flusstal. Angenehm flach geht es taleinwärts; einen rechten Abzweiger ignorieren wir, bis der Weg auf das **Bachbett 1** (0:30 Std.) trifft. Wir überqueren dieses und steigen auf einem Serpentinenpfad steiler bergan.

Hinauf zum Gipfelkreuz

Der Weg wird flacher und erreicht bei Pinien den zunächst breiten Rücken. Ab jetzt folgt die Route dem Höhenzug und in angenehmer Steigung geht es erst an der Scheitellinie, dann rechts davon bergan. Wir erreichen einen Sattel, wo uns der Weg auf die Nordwestseite führt. Dann kommen wir zu einem aus Felsblöcken bestehenden Kamm, gelangen noch einmal in die Westflanke und steigen unterhalb eines Felsblocks in steilen Serpentinen auf den hier breiteren Rücken.

Nach dem nächsten Aufschwung sehen wir das Gipfelkreuz der Punta Martin. Immer entlang des felsigen Kammes gelangen wir zu einem Sattel unterhalb des Gipfelblocks. Zuletzt bietet die schroffe Westseite mit einem Felsdurchschlupf fast alpinen Charakter, dann stehen wir auf

Blick zum Monte Tobbio

Der Gipfelkamm der Punta Martin

der **Punta Martin** ■2 (2:30 Std.). Da kein unmittelbarer Nachbarberg die 1000-Meter-Marke überschreitet, genießen wir ein fantastisches 360°-Panorama, das auch weit auf das Ligurische Meer hinausreicht. Der Abstieg zurück nach **Acquasanta** ■E (4:45 Std.) erfolgt auf dem gleichen Weg.

Aufenthalt in Acquasanta

Es lohnt sich, nach der Tour dem Ort nicht nur wegen einer Einkehr einen Besuch abzustatten. Das Heiligtum von Acquasanta, das auf den Ruinen eines vorchristlichen Tempels erbaut wurde, welcher der Nymphe Eja geweiht war, ist ein Reiseziel für Gläubige und Ort beeindruckender Pilgerreisen, die sich jeden Sommer mit Prozessionen der Bruderschaften wiederholen.

Ein paar Meter von den Thermen entfernt befindet sich das interessante Museum Carta Mele, untergebracht in der ehemaligen Papierfabrik Sbaraggia aus dem Jahr 1756. In ihrer ursprünglichen Umgebung

Abstieg von der Punta Martin

werden alte Maschinen und Werkzeuge gezeigt, die zur Papierherstellung dienten, um die Erinnerung an das alte Handwerk wachzuhalten (Infos: www.museocartamele.it).

So sind die im Museumsshop erhältlichen Papierprodukte aus hundertprozentiger Zellulose. Zudem werden regelmäßig Workshops zur Papierherstellung durchgeführt. Eine Führung durch das Museum dauert etwa 40 Minuten.

Wer nach der Tour zudem die (täglich geöffneten) Thermen besuchen möchte, sollte das am besten von Montag bis Donnerstag tun, da dann der Eintritt günstiger ist. Alle Infos zu Öffnugszeiten, Preisen und Anwendungen gibt es auf:
http://www.termedigenova.it

Und wer nach der Wanderung noch ein paar Tage Zeit hat, kann gleich von Acquasanta aus zu den nächsten Touren an der Riviera di Ponente aufbrechen.

Die tolle Küstenlinie bei Noli

RIVIERA DI PONENTE

RIVIERA DI PONENTE
Von Arenzano bis San Remo und ins Hinterland

Die Westküste Liguriens war früher vor allem für Badeorte wie San Remo, Ventimiglia oder Bordighera bekannt, die ihren berühmten französischen Nachbarn Monaco, Nizza & Co. Konkurrenz machen wollten. Der Glanz dieser einst mondänen Urlaubsdestinationen ist längst vergangen und dem typischen Charakter von im Hochsommer hoffnungsvoll überlaufenen Badezentren gewichen.

Zudem hat der chronische Platzmangel an der Riviera di Ponente leider auch zu einer starken Zersiedelung der Küste geführt. Oft ziehen sich Wohnanlagen die Hänge hinauf. Dazwischen grünt und blüht es aber überall. Besonders an der Küste gibt es intensive Blumenzucht und exotisch-mediterrane Gartenanlagen, was dem Abschnitt zwischen Imperia und Ventimiglia den Beinamen »Riviera dei Fiori« (Blumenriviera) eingebracht hat, während der östliche Teil den inoffiziellen Namen »Riviera delle Palme« (Palmenriviera) erhielt.

Mittelalterliche Küstenorte

Im Ostteil befindet sich nach Autorenmeinung der reizvollste Abschnitt der Riviera di Ponente, nämlich dort, wo sie nicht mit breiten Badestränden, sondern als beeindruckende Steilküste ins Thyrrhenische Meer abtaucht: zwischen Savona und Imperia. Dort findet man mit Noli, Varigotti, Finalborgo und Cervo die mit Abstand schönsten Küstenorte der Riviera di Ponente, welche in ihren Altstädten nach wie vor mittelalterlichen Charme versprühen. Zwei weitere besonders schöne mittelalterliche Orte befinden sich mit Apricale und Dolceacqua im Hinterland der Blumenriviera und dürfen auf dem Weg ins oder aus dem Gebirge keinesfalls ausgelassen werden.

An der Riviera kann man auch paddeln.

Blick auf Noli

Ursprüngliche Gebirgswelt

Das Hinterland der Riviera di Ponente ist noch weitläufiger und ursprünglicher als das der Riviera di Levante und es überschreitet am Monte Saccarello deutlich die Zweitausend-Meter-Marke. Die einsamen Bergwälder und Hangflanken des Ligurischen Hauptkammes sind auch hier wichtiger Rückzugsraum für typische Alpenbewohner wie Gämsen, Murmeltiere oder Schneehasen sowie für seltene Greifvögel wie Steinadler, Turmfalke oder Uhu.

Während man diese scheuen Tiere nur selten zu Gesicht bekommt, werden sich Blumenliebhaber besonders im Frühsommer an der großen Pracht von Alpenrosen, Ginster und Enzian erfreuen und können mit etwas Glück sogar ein Edelweiß ablichten.

Sehr schön als Wanderzeit ist aber natürlich auch der Herbst, wenn in der weichen Sonne die Blätter der Buchenmischwälder und Kastanien in allen Brauntönen strahlen.

ENTDECKERREISE
... von Noli nach Triora

Die letzte vorgeschlagene Wander-Reiseroute folgt im Großen und Ganzen dem Küstenverlauf in Richtung Frankreich, wobei man auch hier unbedingt einige Abstecher ins großartige Hinterland einplanen sollte.

Um zur Riviera di Ponente anzureisen, benutzt man am besten die A 26 und lässt Genua somit östlich von sich liegen. Weiter auf der A 10 bietet es sich bei der Anschlussstelle »Arenzano« an, nach Lerca hochzufahren, wo die Wanderung zum Monte Rama beginnt. Nachfolgend sollte man der Küstenautobahn bis zur Anschlussstelle »Spotorno« folgen, von wo aus man bald am Meer die Küstenstraße Via Aurelia (SS 1) erreicht. Über diese fährt man dann über Noli nach Varigotti. Hier startet die schöne Wanderung über das Capo Noli.

Küstenwanderungen und Altstadt-Juwelen

Nur einen Katzensprung entfernt liegt, weiter der Küste folgend, der

Strandimpression

Badeort Finale Ligure, wo man insbesondere die schöne Altstadt von Finalborgo besuchen sollte. Hier beginnt zudem eine ausgedehnte Rundwanderung zur Rocca di Perti. Ein weiteres Highlight der Riviera di Ponente stellt schließlich die ca. 45 Kilometer entfernte, ebenfalls bezaubernde Altstadt von Cervo dar. Von dort kann man eine letzte Küstenrundwanderung tätigen, bevor man sich in Richtung der höchsten ligurischen Berge begibt.

Der Weg dorthin startet im sehenswerten Imperia und folgt zunächst der SS 28 bis Chiusavecchia, dahinter zweigt man links nach Borgomaro ab. Eine kurvenreiche Straße (SP 26 und SP 21) führt weiter zum Colle d'Oggia, Ausgangspunkt für die schöne Kammwanderung zum Monte Grande.

Im Frühjahr hat man den Strand von Finale für sich allein.

Zum höchsten Punkt Liguriens

Weiter der SP 21 nach Südwesten folgend, geht es hinab nach Montalto Ligure. Auf breiterer Straße (über die SP 548) kommt man schließlich nach Molini di Triora und hier rechts hinauf zum »Hexen-Bergdorf« Triora. Ist man einmal so weit ins ligurische Hinterland vorgedrungen, muss man natürlich unbedingt die Besteigung des höchsten Gipfel Liguriens, des Monte Saccarello einplanen. Dafür startet man im nördlich von Triora gelegenen Dorf Verdeggia.

Auf dem Weg zurück zum Meer sollte man von Molini di Triora aus die kleine Bergstraße Richtung Colle Langan (SP 65) wählen. Kurz vor dem Pass zweigt rechts eine schmale Bergstraße zur abgelegenen Kirche San Giovanni dei Prati ab, wo man eine Bergtour mit Meerblick unternehmen und den sanften Monte Ceppo besteigen kann. Will man dann von hier aus wieder ans Meer, ist es am schönsten, über Bajardo zu den sehr sehenswerten Orten Apricale und Dolceacqua zu fahren. Von hier ist es nicht mehr weit zur Riviera di Ponente.

WICHTIGE ADRESSEN

INFORMATIONSSTELLEN

Turismo del Finale, http://turismo.comunefinaleligure.it
Zentrale Touristinfo-Seite mit Verkehrsämtern in Finalborgo, Finalmarina und Varigotti (Touren 41, 42 und 43)

ESSEN & TRINKEN

Bucùn du Preve, Via Musso 16, 17026 Noli, Tel. +39 19 7485289
Spezialität des viel gelobten Lokals sind geschmortes Kaninchen mit
Rosmarin-Bratkartoffeln und hausgemachte Ravioli mit Spinat-Fisch-
Füllung auf Ricotta-Mandel-Sauce (Tour 40).

Osteria Castel Gavone, Piazza Martiri di Perti 8, Loc. Perti, 17024
Finale Ligure, Tel. +39 19 680109, www.osteriadelcastelgavone.com
Man legt Wert auf regionale Produkte, die Pasta ist selbst gemacht.
Toller Blick von der Terrasse aus (Tour 41).

Trattoria Gambero Verde, Loc. Manie, 17024 Finale Ligure,
Tel. +39 19 698483
Außergewöhnliches und ursprüngliches Lokal in einer alten Kirche, ein
Abstecher dorthin lohnt. Im Sommer kann man sehr schön draußen
sitzen (Tour 41).

La Locanda di Lò, Piazza Santa
Caterina 13, Finalborgo, 17024 Finale
Ligure, Tel. +39 19 693202
Beliebtes, gemütliches Lokal mit guten
Gerichten und sehr freundlicher Bedie-
nung (Tour 42 und 43)

Bar Centrale, Via Torcelli 28,
Finalborgo, 17024 Finale Ligure,
Tel. +39 19 691768
Der Treffpunkt aller Outdoor-Sportler
nach »getaner Arbeit« für perfekten
Espresso, kühles Bier oder leckeres
Eis (Tour 43)

Pizzeria Il Rifugio, Strada Provinciale 11, Loc. Brea, 17024 Orco
Feglino, Tel. +39 366 4608533

Strandimpression

Die Trattoria Gambero Verde

Zu Recht bei Kletterern sehr beliebte Pizzeria im Hinterland mit leckeren Teigfladen aus dem Holzofen. Auch für Wanderer zu empfehlen (Tour 43)

Ristorante Serafino, Via Matteotti 8, 18010 Cervo,
Tel. +39 183 408 185, http://ristoranteserafino.it
Nicht ganz billiges, aber viel gelobtes Restaurant mit tollem Meerblick und guter Küche mit Schwerpunkt auf Meer. Vermietet auch nette Appartements (Touren 47 und 48)

Ristorante Sarri, Via Lungomare C. Colombo 108, 18100 Imperia,
Tel. +39 183 754 056, www.ristorantesarri.it
Gehobene (Fisch-)Küche zu nicht ganz günstigen Preisen von Sterne-Koch Andrea Sarri (Tour 49)

Museo dell'Olivio, Via Garessio 13, 18100 Imperia,
Tel. +39 183 295 762, www.museodellolivio.com
Olivenöl-Degustation und -verkauf. Dazu interessante Exponate zur Geschichte der Olivenölproduktion. Auch aktuelle Olivenpressen sind zu besichtigen (Tour 49).

L'Erba Gatta, Via Roma 6, 18010 Triora, Tel. +39 184 94392, www.erbagatta.it
Interessante lokale Gerichte, tolle Aussicht und recht günstige Preise (Tour 52)

La Strega di Triora, Corso Italia 50, 18010 Triora, Tel. +39 184 94278, www.lastregaditriora.it
Tolles Lebensmittelgeschäft, dessen regionale und oft selbst gemachte Produktpalette von Honig über Nüsse und leckere Backwaren bis hin zu Grappe reicht (Tour 52)

Ritrovo degli Amici, Via Campo della Cà 5, 18010 Verdeggia, Tel. +39 184 94591
Vor allem nach einer Bergtour samstags zu empfehlen, wenn der traditionelle Pizza-Abend stattfindet (Tour 53)

Osteria Apricus, Via Roma 42 a, 18035 Apricale, Tel. +39 184 208643
Gutes Lokal mit schöner Aussichtsterrasse und sehr freundlicher Bedienung. Eine Spezialität ist der Ligurische Kanincheneintopf (Tour 55).

ÜBERNACHTUNG

Ostello della Gioventù Castello Vuillermin, Via G. Caviglia 46, Finalborgo, 17024 Finale Ligure, Tel. +39 19 690515, www.ostellionline.org
Die in einer neogotischen Burg in Finalborgo untergebrachte Unterkunft ist eine ganz besonders schöne Jugendherberge (Touren 42 und 43).

Bauernhof im Hinterland von Finale

Basecamp Cucco, Strada Provinciale Regione Brea, Loc. Monte Cucco, 17024 Orco Feglino, Tel. +39 345 1050546, www.basecampcucco.com/de
Sehr einfacher, dafür aber auch sehr günstiger Campingplatz direkt am Fuße des größten Kletterfelsens von Finale Ligure (Touren 42 und 43)

Agriturismo La Cà dell'Alpe, Via Alpe 6, 17020 Rialto, Tel. +39 19 688030, www.agriturismofinaleligure.it

Die vierte Entdeckerroute erreicht gleich beim hübschen Noli das Meer.

Nette, 12 km vom Meer entfernte Ferienhäuser und Zeltmöglichkeit zu recht günstigen Preisen. Wald 10 km landeinwärts gelegen. Optional Reitstunden und -ausflüge (Touren 42 und 43)

Rifugio Realdo, via XX Settembre snc, 18010 Triora – frazione Realdo: Tel. +39 339 1183 146, info@realdovive.it
Einfache Bergwanderer-Unterkunft direkt auf der Anfahrt zum Monte Saccarello gelegen

Apricus Locanda, via IV Novembre 5, 18035 Apricale, www.apricuslocanda.com

Stilvoll eingerichtete Zimmer mit toller Frühstücksterrasse und schönem Außenpool. Viel gelobt

B&B Normanna, Strada Morghe snc, 18035 Dolceacqua IM, Italien, Schönes Steinhaus mit aussichtsreichem Garten und sehr netten Gastgebern

La Casetta di Vale, Vicolo Borgogno 5, 18035 Dolceacqua
Schön renovierte Zimmer in einem uralten Steinhaus mitten im historischen Dolceacqua

38 RUNDWANDERUNG AUF DEN MONTE RAMA

Unterwegs im Naturpark Beigua

Der Anstieg auf den Monte Rama bietet nicht nur einen wunderschönen Panoramablick, sondern entpuppt sich beim Abstieg als eine Rundwanderung, die mit immer neuen Perspektiven auf den Gipfel aufwartet.

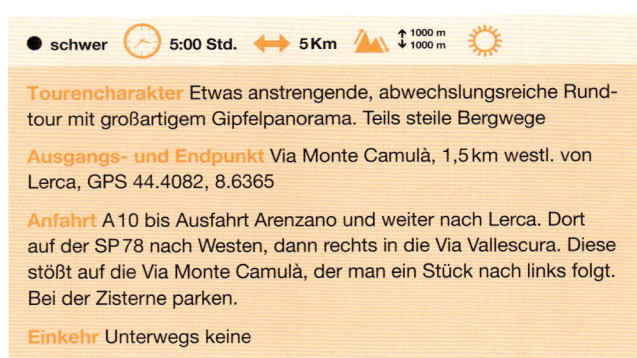

● schwer 🕐 5:00 Std. ↔ 5 Km ▲ ↑ 1000 m ↓ 1000 m ☀

Tourencharakter Etwas anstrengende, abwechslungsreiche Rundtour mit großartigem Gipfelpanorama. Teils steile Bergwege

Ausgangs- und Endpunkt Via Monte Camulà, 1,5 km westl. von Lerca, GPS 44.4082, 8.6365

Anfahrt A 10 bis Ausfahrt Arenzano und weiter nach Lerca. Dort auf der SP 78 nach Westen, dann rechts in die Via Vallescura. Diese stößt auf die Via Monte Camulà, der man ein Stück nach links folgt. Bei der Zisterne parken.

Einkehr Unterwegs keine

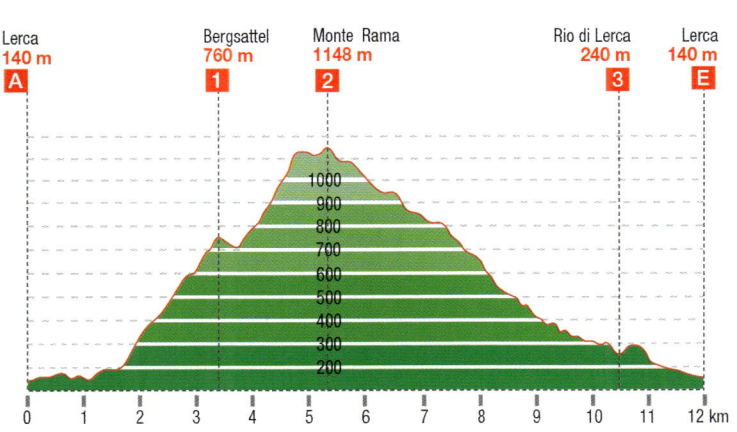

| Lerca 140 m A | Bergsattel 760 m 1 | Monte Rama 1148 m 2 | Rio di Lerca 240 m 3 | Lerca 140 m E |

Der Wegverlauf

Von der **Via Monte Camulà**  aus geht es gerade durch lichten Pinienwald bergan, bis die Markierung (roter Punkt) links abzweigt. Dieser folgen wir und gewinnen an Höhe. An einer Gabelung halten wir uns wieder links. Der Weg führt durch zunehmend felsigeres Gelände und über ein Viadukt geht es auf den Bergsattel zwischen Monte Rama und **Bric Camulà** (1:30 Std.) zu. Kurz danach nehmen wir nicht den Abzweiger »Direttissimma Via del Nonno«, sondern bleiben auf dem Hauptweg. Wir wandern weiter über die Osthänge des Monte Rama und haben dabei schöne Ausblicke hinab zum Tal des Rio di Lerca.

Am Gipfel des Monte Rama

Das Gipfelkreuz
des Monte Rama

Steiler Gipfelanstieg

An einer Gabelung folgen wir nicht dem mit »A« markierten Weg, sondern den nach links steiler bergan führenden roten Punkten. Nach Felsen wird der Anstieg flacher und hinter einer Baumgruppe erreichen wir den **Monte Rama** `2` (2:30 Std.).

Für den Abstieg wenden wir uns zu einem Felsen, der mit Markierungen überzogen ist. An diesem vorbei folgen wir nun nach Westen den roten Strichen. Über einen Rücken geht es auf den Monte Beigua zu und an einer Gabelung halb rechts hinab zu einem flachen Wiesensattel. Kurz vor diesem wandern wir rechts über einen erodierten Weg auf den Wald zu. An einem verfallenen Haus links vorbeigehend, erreichen wir eine Quelle und wenden uns rechts ins Tal des Rio Lerca hinab (nicht nach links zum Ligurischen Höhenweg »AV«). Steineichenhaine und Wiesen wechseln sich ab und es bieten sich schöne Blicke auf die Nordseite des Monte Rama.

Die Runde schließt sich

Schließlich geht es steiler durch Haselbüsche hinunter. Wir tangieren einen Bach und stehen bald vor einem kleinen Wasserfall, der meist auch im Sommer Wasser führt. Wir überqueren den Bach und gehen links an einem Betongebäude vorbei. Ab jetzt verläuft der Weg in angenehmem Gefälle entlang der westlichen Talseite des **Rio Lerca** `3` (4:15 Std.).

Schließlich stoßen wir an die Stelle, wo der rote Punkt abzweigt, und gelangen auf bekanntem Weg zum **Ausgangspunkt** `E` (5:00 Std.) zurück.

Im Anschluss bietet es sich an, gleich weiter nach Noli oder Varigotti zu fahren, wo man vor den nächsten Wanderungen einen Badenachmittag verbringen kann. Vor allem der mit Palmen umrahmte Strand von Noli stellt eine schöne Einstimmung auf die nächsten Urlaubstage dar.

Wegmarkierung am Monte Rama

39 ÜBER DAS CAPO NOLI

Küsten-Bergtour der Extraklasse

Die hoch über dem Meer verlaufende Route von Varigotti nach Noli verspricht eine wunderschöne Wanderung mit atemberaubenden Tiefblicken auf das Meer. Zudem verbindet sie zwei sehr nette Orte der Riviera di Ponente miteinander.

● **mittel**   🕐 **2:30 Std.**   ↔ **5 Km**   ⛰ ↑250 m ↓250 m   🍴 ☺ ☀ 🏊 🚌

Tourencharakter Zu Beginn teils etwas steile Küstenbergtour mit großartigen Aussichten auf meist guten Bergwegen

Ausgangspunkt Varigotti, GPS 44.1823, 8.4021

Endpunkt Noli, GPS 44.2046, 8.4143

Anfahrt Mit dem Auto auf der A 10 bis Ausfahrt Spotorno, weiter über die SP 8 nach Noli und auf der SS 1 nach Varigotti. Zurück nach Varigotti mit dem Bus (fährt etwa im Halbstundentakt)

Einkehr Unterwegs keine, viele Möglichkeiten in Noli und Varigotti

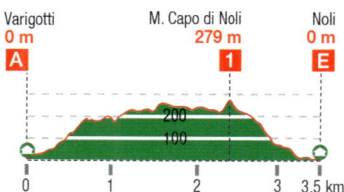

Der Wegverlauf

Ausgangspunkt ist der beliebte Badeort Varigotti, wo man bereits vor der Tour einen Sprung ins Meer machen und seinen Proviant in einem der Alimentari aufstocken kann.

In **Varigotti** 🅰 führt kurz vor dem Tunnel in Richtung Noli links eine zwischen Gärten und Steinmauern gelegene schmale Gasse von der Hauptstraße weg. Dieser folgend, stoßen wir auf eine Straße, die wir überqueren, um in einen gepflasterten Weg einzubiegen (Hinweisschild »San Lorenzo«, Markierung: rotes Andreaskreuz). Durch Olivenhaine geht es bergauf, wobei man bald einen Abstecher zur Kirche San Lorenzo machen kann.

Kirche mit Meerblick

Bereits die knapp 50 Meter über dem Meer stehende Kirche bietet einen schönen Ausblick auf Varigotti. Sie wurde gegen Ende des Zweiten Weltkriegs durch einen Luftangriff zerstört, danach aber wieder weitgehend restauriert.

Am Hauptweg zurückgekommen, führt der Weg zunächst steil, dann im Pinienwald wieder flacher nach Nordosten. Nachdem es wieder bergan

Blick zum Zielort Noli

Tiefblick kurz vor dem Capo di Noli

geht, gelangen wir zu einer Weggabelung. Hier zweigt ein markierter Pfad meerwärts zu einem ersten Aussichtspunkt ab. Wir wandern aber dem Hauptweg folgend nach links, nun durch mit Efeu bewachsene Bäume hindurch. An der nächsten Weggabelung folgen wir den gelben Punkten nach rechts zu einem weiteren Aussichtsplatz.

Schwindelerregende Tiefblicke

Die imposanten Blicke auf die aus dem Meer emporragenden Kalkfelsen des Capo di Noli und hinunter nach Varigotti laden zu einer längeren Verschnaufpause ein. Wer kleinere Kinder dabeihat, muss aber gut aufpassen, dass diese nicht zu nahe an der Geländekante spielen. Danach gehen wir zur Abzweigung zurück und weiter durch den Wald entlang des Hauptwegs. Wir treffen auf einen Fahrweg, wenden uns nach rechts und stehen vor dem auf dem **Monte Capo di Noli** **1** (1:45 Std.) errichteten Gebäude. Der ehemalige Leuchtturm gehört den Carabinieri, weswegen man zum höchsten Punkt nicht gelangen kann. Direkt vor dem Eingangstor biegt im spitzen Winkel ein kleiner Fahrweg

Richtung Noli ab (Hinweisschild »Noli«, Markierung: Doppel-Balken). Kurz danach haben wir zwei Möglichkeiten: Der direkte Abstieg führt rechts vom Hauptweg ab (roter Kreis mit Querbalken) und kreuzt später noch einmal den Fahrweg. Zuerst geht es steil durch lichten Pinienwald, dann flacher durch das dichte Hartlaubgebüsch hinab. Der Weg wechselt die Talseite und wird flacher. An einer Ruine vorbei geht es entlang von Trockenmauern auf die ersten Häuser von Noli zu. Über die Via XXV Aprile erreicht man den Klostervorplatz in **Noli** **E** (2:30 Std.). Zurück nach Varigotti geht es mit den häufig verkehrenden Bussen.

Die andere Möglichkeit ist, dem Hauptweg weiter in Richtung Meer zu folgen, wo man bei einer markanten Linkskehre einen zusätzlichen Abstecher zu einer Aussichtsterrasse sowie (in steilem Abstieg) zum Felsentor Grotta dei Falsari machen kann. Zurück am Hauptweg, geht es weiter zur Kirchenruine Santa Margherita und hier links in einen Pfad. Dieser führt in ein Tälchen und schließlich zu dem mit rotem Kreis markierten Abstieg nach Noli.

Mountainbiken und Baden am Capo Noli

Nicht unerwähnt soll hier bleiben, dass sich die Umgebung des Capo Noli hervorragend für eine noch andere Fortbewegungsart eignet: das Mountainbiken. Da man rund um Varigotti die Mountainbiker als neue Tourismuszielgruppe ent-

GAUMENSCHMAUS

Zwischen Finale Ligure und Varigotti befindet sich im oberhalb gelegenen Ortsteil Manie ein außergewöhnliches und ursprüngliches Lokal in einer alten Kirche. Das Ambiente der Trattoria Gambero Verde mit ihren rot-weißen Tischtüchern, einem Kaminofen und Schilf zur Isolation ist einzigartig. Im Sommer kann man sehr schön draußen sitzen.

Bougainvillien sind typisch für die Riviera di Levante.

215

Das Capo di Noli

deckte, erfolgten einige Neuerschließungen, die in einschlägigen Foren sehr gelobt werden. Neben den neu angelegten Singletrails fordern auch alte Karrenwege und knifflige Felspassagen das Gleichgewichtssystem der Biker heraus. Auf besonders sportlichen Trails verschaffen Schanzen sprungfreudigen Freeridern den letzten Kick. Allen voran gilt der auch für Wettkämpfe genutzte »Varigotti Downhill« als Testpiece für ambitionierte MTBler. Manche Passagen sind hier so steil, dass man direkt ins Mittelmeer abzutauchen meint.

Wasserratten finden hingegen sowohl am Ausgangs- wie am Endpunkt nette Strände, wobei man vor dem Baden in Noli am besten auf den Busfahrplan schaut, um zu prüfen, wann die letzte Rückreisemöglichkeit nach Varigotti abfährt.

Grundsätzlich gilt in Noli und Varigotti wie überall an der Riviera di Levante: Nach Möglichkeit sollte man hier nicht an Wochenenden unterwegs sein, da die Via Aureilia dann oft vom Ausflugsverkehr verstopft ist.

Strand am Ausgangspunkt Varigotti

40 NOLI

Altes wehrhaftes Kleinod

Die gut erhaltenen Wachtürme der Stadtmauer oberhalb Nolis zeugen von der einst kriegerischen Vergangenheit des heute so beschaulichen und freundlichen Badeortes.

Lage 8 km nordwestlich von Finale Ligure an der Riviera di Ponente, GPS 44.2046, 8.4143

Anfahrt Mit dem Auto auf der A 10 bis Ausfahrt Spotorno, dann über die SP 8 nach Noli. Mit der Bahn nach Spotorno (Linie Genua Ventimiglia) und weiter mit dem Bus nach Noli

Einkehr Viele Möglichkeiten in der Altstadt und am Meer

Info www.comunenoli.gov.it (auch auf Englisch)

Die bis ins Jahr 650 unter byzantinischem Einfluss stehende Stadt verbündete sich im 12. Jahrhundert mit Genua, wodurch sie sich das benachbarte mächtige Savona zum Feind machte. Aus dieser Zeit stammen das Kastell auf dem Berg Ursino und die gut erhaltene Altstadt mit ihren acht wehrhaften Geschlechtertürmen. Im 15. Jahrhundert musste die vormals freie Kommune Genua als Schutzmacht anerkennen, wodurch ihr kultureller und ökonomischer Niedergang eingeleitet wurde.

Die größte Sehenswürdigkeit Nolis stellt die am südlichen Ortsrand gelegene Kirche San Paragorio dar. Die dreischiffige Basilika ist der bedeutendste frühromanische Sakralbau zwischen Genua und Ventimiglia. Er stammt aus dem 11. Jahrhundert. Bei Ausgrabungen wurde darunter ein frühmittelalterliches Baptisterium aus dem 6. Jahrhundert entdeckt. Weiter sehenswert ist die Loggia della Repubblica mit ihren schönen Steinboden-Mosaiken sowie die mittelalterliche Altstadt mit ihren schmalen Gassen an sich.

Hübscher Badeort

Die meisten Touristen besuchen Noli aber nicht aus kunstgeschichtlichen Motiven, sondern aufgrund der idyllischen Lage. Der Badeort wird weder durch die Bahnlinie geteilt, noch dröhnt im Hintergrund die Küstenautobahn. Zudem bieten die steil ins Meer abfallenden Klippen den Bauspekulanten keine Gelegenheit, scheußliche Hotelburgen in die Höhe zu ziehen.

Zusammen mit Varigotti bietet Noli vielleicht die schönsten Strände der Riviera di Ponente. Allerdings sollte man nicht unbedingt an Wochenenden zum Baden gehen, da dann die Küstenstraße von Ausflüglern verstopft ist. Zudem ist der Großteil der Strandabschnitte zur Hochsaison mit Liegestühlen belegt, die man anmieten muss. Daher ist es eine gute Idee, sich antizyklisch zu verhalten und dort bis Mitte Juni und ab Anfang September ins Meer zu springen.

Bevor man sich vielleicht von hier aus in Richtung Meer begibt, um dort abends den Sonnenuntergang zu genießen, bietet es sich an, an einer Bar des wunderschönen Hauptplatzes von Finalborgo auf die Rundtour anzustoßen.

Der nette Strand von Noli

41 RUNDTOUR ZUM ROCCA DI PERTI

Streifzug zu spektakulärem Kletterfelsen

Von Finalborgo gelangt man auf geschichtsträchtigen Wegen zu einem imposanten Felskamm. Über abwechslungsreiche Waldwege führt diese ausgedehnte Tour weiter zu einer einsam gelegenen Aussichtskanzel.

● **mittel** · 5:15 Std. · ⟷ 10 Km · ↑ 550 m ↓ 550 m

Tourencharakter Ausgedehnte Rundwanderung, teils auf Teerstraße, zumeist auf Waldwegen. Etwas Orientierungsvermögen ist hilfreich.

Ausgangs- und Endpunkt Piazza del Tribunale in Finalborgo, GPS 44.1764, 8.3267

Anfahrt A 10 bis Ausfahrt Finale Ligure und weiter nach Finalborgo. Mit der Bahn nach Finale Ligure Marina (Linie Genua-Ventimiglia), weiter zu Fuß oder mit dem Bus

Einkehr Osteria Castel Gavone in Perti, viele Möglichkeiten in Finalborgo

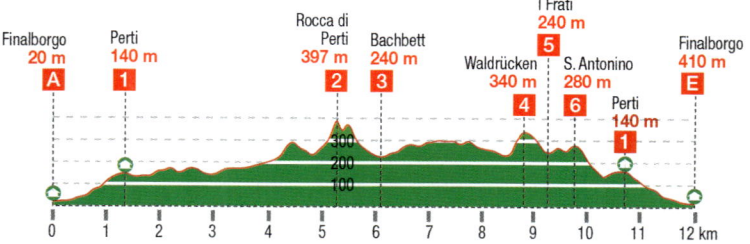

Der Wegverlauf

Wir verlassen **Finalborgo** A an der Piazza del Tribunale (Hinweisschild »Perti«). Zunächst zieht sich der gepflasterte Weg zwischen Hausmauern den Berg hinauf. Wir durchqueren den Torbogen der oberhalb von Finalborgo stehenden Burg und gehen an deren Mauern entlang. Ein kurzes Stück später verlassen wir den breiten Weg und wenden uns nach links in einen steinigen Pfad. Er verläuft immer auf der Kammlinie.

Nachdem wir zwischen Sträuchern hin-
durchgegangen sind, erreichen wir eine
Brücke, die zum Castel Gavone führt.
Hinter der Brücke steigen wir kurz ab
und gelangen erst rechts, dann wieder
links einer Mauer folgend zur Osteria
Castel Gavone. Kurz danach treffen wir
auf die Kirche von **Perti** 1 (0:45 Std.).

Nun laufen wir ein langes Stück auf der
Teerstraße und auf die Kirche Nostra Signora di Loreto zu. Der kurze Abstecher
zum fünftürmigen Gotteshaus lohnt.
Immer der Straße folgend, wandern
wir im Anschluss ins Tal oberhalb von
Perti hinein. Nach einer halben Stunde
macht die Straße an Eichenbäumen
eine markante Kurve. Picknickbänke
laden hier zu einer kurzen Rast ein. Ab
jetzt folgen zudem schöne Wald- und
Bergwege.

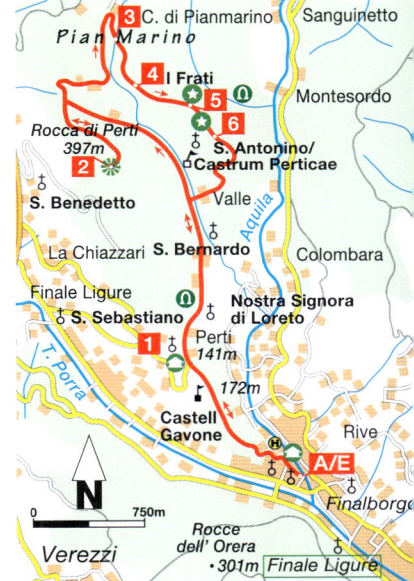

Die steile Westwand des Rocca di Perti ist bei Kletterern beliebt.

Der erste Anstieg führt an Finalborgos Burganlage vorbei.

Unerwartetes Gipfel-Feeling

Hier biegt auch links der Abstecher zur Rocca di Perti ab. Unter der dichten Macchia gewinnen wir auf dem gut markierten Pfad schnell an Höhe. Es folgen einige Abzweiger, die wir ignorieren. Wenig später treten wir aus dem Niederwald heraus, wenden uns nach rechts und erreichen bald die **Rocca di Perti** **2** (2:00 Std.), wo ein kleines Metallkreuz befestigt ist. Die Westwand stürzt nahezu senkrecht in die Tiefe hinab. Nach der Rast geht es auf gleichem Weg zum Picknickplatz zurück.

Hier folgen wir dem Wegweiser zum Pian Marino und erreichen über einen Fahrweg das Dorf Montesordo. Vor einer Steinmauer biegen wir in einen gepflasterten Pfad, um kurz darauf wieder auf den Fahrweg zu stoßen. Nach dem letzten Haus biegt der Weg rechts in Richtung des Bachbetts ab. Es geht über den **Bach** **3** (2:45 Std.) und diesem dann folgend im Wald bergauf. Bei der nächsten Weggabelung biegen wir in den nach rechts führenden, kleineren Pfad ab. Er leitet auf Felsen zu und im Niederwald steiler bergauf.

Im waldreichen Hinterland von Finale

Der Wald wird dichter, der Pfad schmaler und es geht nach einem **Waldrücken** `4` (3:15 Std.) wieder bergab. Wir treffen auf einen breiteren Weg und folgen diesem nach rechts. In angenehmem Gefälle wandern wir ein Tälchen hinab bis zu einem Wanderschild. Von rechts stößt ein weiterer Weg hinzu, den wir für den Rückweg benutzen. Zuvor gehen wir noch ein paar Meter weiter und stehen an der **Aussichtskanzel** `5` (3:30 Std.), von wo aus wir die I Frati sehen. »Die Brüder« sind zwei markante nebeneinanderstehende Felstürme. Etwas weiter entfernt erblicken wir eine über steilen Kalkfelsen thronende Bergkuppe.

Waldgipfel mit Geschichte

Um dorthin zu gelangen, gehen wir zurück zur erwähnten Wandertafel. Dort folgen wir dem Weg nach links. Kurz leicht ansteigend, dann etwas bergab und zuletzt noch einmal steiler bergan erreichen wir einen im Wald versteckten Bergsattel. Hier empfiehlt sich der Abstecher auf den links liegenden Berg. Schon nach wenigen Metern gelangen wir zu den Ruinen des Castrum Perticae. Hier befand sich eine bereits von Kaiser Barbarossa zitierte Befestigungsanlage, die während der Sarazenen-Einfälle strategische Bedeutung besaß. Am höchsten Punkt des Berges steht die Kirche **Sant'Antonino** `6` (4:00 Std.), deren romanisches Portal noch erhalten ist. Zudem befindet sich wenige Meter nördlich der Kirche ein schöner Aussichtsplatz mit Blicken auf die gegenüberliegenden I Frati und die Kletterwände des Monte Cucco.

Wir kehren zum Sattel zurück und steigen nach Westen ab. Ein kurzes Stück direkt oberhalb steiler Kletterfelsen erreicht der Weg in einigen Windungen die wenigen Häuser der Case Valle, wo er wieder auf die Teerstraße trifft. Wir wenden uns nach Süden und kehren über Perti nach **Finalborgo** `E` (5:15 Std.) zurück.

Neuer Ginster nach Waldbrand

223

Auf dem Rückweg bietet sich an der Burg von Finalborgo ein schöner Blick aufs Meer.

42 FINALBORGO UND FINALE LIGURE

Mittelalter trifft auf Strand-Noblesse

Während sich in der idyllischen Altstadt von Finalborgo vorwiegend Outdoor-Sportler nach getaner Mühe ein Stelldichein geben, zieht Finale Ligure vor allem Wasserratten an.

Lage Finalborgo, 2 km nördl. von Finale Ligure, und Finale Ligure an der Riviera di Ponente, GPS 44.1764, 8.3267 bzw. 44.1689, 8.3416

Anfahrt A 10 bis Ausfahrt Finale Ligure und weiter nach Finalborgo bzw. Finale Ligure. Mit der Bahn nach Finale Ligure Marina (Linie Genua-Ventimiglia), weiter zu Fuß oder mit dem Bus

Einkehr Viele Möglichkeiten in der Altstadt, empfehlenswert »La Locanda di Lò« in Finalborgo

Info http://turismo.comunefinaleligure.it

In dem sehr gut erhaltenen Stadtkern Finalborgos fühlt man sich fast ins Mittelalter zurückversetzt. Die einstige Residenz des Markgrafen Del Carretto ist rundherum von Stadtmauern umgeben. Von Westen her betritt man die Altstadt durch die schön bemalte Porta Testa. Wenige Meter dahinter geht es linker Hand zum Dominikanerkloster Santa Caterina. Sehenswert ist sein schöner Kreuzgang. Hier liegt auch das Museo Archeologico del Finale, das prähistorische Ausgrabungsfunde zeigt. Auf der Hauptgasse gelangt man auf den Hauptplatz Piazza Garibaldi (nettes Café, Sport- und Kletterladen, schöne Häuserfassaden). Wendet man sich hier nach rechts, steht man kurze Zeit später vor der Pfarrkirche San Biagio. Sie besitzt einen großen, üppig geschmückten barocken Innenraum. Direkt neben der Kirche führt das Stadttor Porta Reale (nette Bar an der namengebenden Brücke) aus der Altstadt wieder heraus.

Geschichtsträchtiger Badeort

Der Name des nur einen Katzensprung entfernten Badeortes Finale Ligure bezieht sich auf die schon in der Antike bestehende Grenzfunktion Finales (lat. fines = Grenze). Das nahe gelegene Capo Caprazoppa trennte die Herrschaftsbereiche der Sabataner und der Ingauner. Die beiden am Meer gelegenen Teile Finale Marina und Finalpia bieten das typische Bild eines Badeortes mit Uferpromenade, Strandbars, Geschäften. Mittelpunkt ist der monumentale Prachtbogen der Margarete von Österreich an der Piazza Vittorio Emanuele II. Unweit davon befinden sich schöne Arkaden mit zahlreichen Geschäften und dem beliebten »Caffè Caviglia«. In Finalpia ist die Abtei Santa Maria di Pia mit ihren schönen Renaissance-Kreuzgängen sehenswert.

Zum Baden ist die östlich vom Hauptstrand gelegene Bucht zu empfehlen. Senkrecht ins Meer stürzende Felswände umrahmen ihren kleinen Strand.

Dort gibt es auch Bereiche, die auch zur Hochsaison nicht von Mietliegestühlen und -sonnenschirmen belegt sind.

Übrigens findet an der Promenade von Finalmarina immer donnerstags ein empfehlenswerter Markt statt. Im benachbarten Finalborgo ist hingegen am Montag Markttag.

Das östliche Stadttor von Finalborgo

43 KLETTER-DORADO FINALE

Spielwiese für Steilwand-Sportler

Nicht nur sonnenhungrige Wanderer bekommen leuchtende Augen, wenn von Ligurien die Rede ist. Seit Jahrzehnten sind die unzähligen Kletterfelsen rund um Finale Ligure Ziel von Kletterern aus aller Herren Länder.

Lage Finalborgo, 2 km nördlich von Finale Ligure, und Finale Ligure an der Riviera di Ponente, GPS 44.1764, 8.3267 bzw. 44.1689, 8.3416

Anfahrt A 10 bis Ausfahrt Finale Ligure und der Beschilderung nach Finalborgo bzw. Finale Ligure folgen. Mit der Bahn nach Finale Ligure Marina (Linie Genua-Ventimiglia) und weiter zu Fuß oder mit dem Bus

Einkehr Viele Möglichkeiten in der Altstadt, empfehlenswert »La Locanda di Lò« in Finalborgo

Info www.klettern.de

Mit weit über 2500 Routen ist Finale Ligure wohl eines der bedeutendsten Kletterzentren Europas. Unzertrennlich verbunden mit dem Klettern in Finale ist der Name Andrea Gallo, der quasi als Hausherr angesehen wird. Zusammen mit seinem Freund Giovannino Massari begann er in den frühen 1980er-Jahren mit der Erschließung der ersten Felsen. Ungekrönter König der etwa 35 Kalkmassive rund um Finalborgo ist der altehrwürdige Monte Cucco mit seiner bis zu 200 Meter hohen Nordwand.

Die Qual der großen Auswahl

Allein in seinen elf Sektoren findet man über 250 verschiedene Routen zumeist mittelschwerer bis anspruchsvoller Schwierigkeitsgrade.

Gut geeignet für Einsteiger ist hingegen das Klettergebiet von Pian Marina, nördlich vom Ort Montesordo. Oberhalb einer großen Wiese befindet sich ein Fels mit zahlreichen leichteren Routen. Ein idealer Spot also auch für Familien.

Etwas weiter westlich liegt zudem das genauso tolle Klettergebiet »Oltre Finale«. Sage und schreibe 79 Massive in fünf verschiedenen Tälern warten hier mit zum Teil brandneuen Routen darauf, erklettert zu werden. Im Gegensatz zu den Felsen rund um Finale ist der Fels nicht so scharf und löchrig, dafür gilt es hier, knifflige Sinterstrukturen, Leisten und Aufleger zu überwinden.

HOTSPOT

Zum Après-Climb ist selbstverständlich ein kühles Bier in der Bar Centrale im schönen Finalborgo angesagt, wo nach wie vor das Herz der Kletterszene schlägt.

Wer mehr über die vielfältigen Klettermöglichkeiten erfahren will, kann das mithilfe folgender Literatur: M. Tomassini: Finale climbing, Editore Versante Sud (2012); A. Gallo: Oltre Finale, Editore Idee Verticali (2014).

Und wer mit Zelt oder Campingbus zum Klettern fährt, findet einen einfachen Campingplatz direkt unterhalb der großen Felswand des Monte Cucco.

Der hohe Monte Cucco ist bei Kletterern besonders beliebt.

44 GROTTE DI TOIRANO

Beeindruckende Tropfsteinhöhlen

Die Besiedelung des schönen Liguriens reicht lange zurück. Bereits vor über 200 000 Jahren haben unsere Vorfahren die in vieler Hinsicht vorteilhafte Küstenlage sehr zu schätzen gewusst.

Lage Knapp 20 km westlich von Finale Ligure, GPS 44.13269, 8.202775

Anfahrt Mit dem Auto auf der A 10 bis Ausfahrt Borghetto und über Toirano beschildert zur Grotte di Toirano

Einkehr Restaurants und Bars in Toirano

Info Grotte di Toirano, www.toiranogrotte.it (auch auf Englisch)

Die Grotten von Toirano (»Grotte di Toirano«) liegen in einer kargen Region am Ende des Vallone del Vero, des »Tals der Wahrheit«, etwa sieben Kilometer von der Küste entfernt zwischen Albenga und Finale Ligure. Rund siebzig Tropfsteinhöhlen sind in dieser vom Kalkgestein geprägten Region bekannt. Für die Öffentlichkeit sind zwei davon geöffnet: die Grotta della Bàsura und über einen Verbindungstunnel die Grotta di Santa Lucia.

Um 1890 erforschte Nicolò Marelli die Eingangszone der Grotta della Bàsura. Bis 1950 dauerte es, bis Höhlenforscher aus Toirano eine Engstelle bezwangen und tiefer vordringen konnten. Bereits drei Jahre später wurde die erste Schauhöhle eröffnet. 1967 wurde dann ein Tunnel zur benachbarten Grotta di Santa Lucia Inferiore geschlagen.

Frühe Höhlenbewohner

Paläontologische Funde belegen, dass in dem Höhlensystem Höhlenbären und ab etwa 200 000 v. Chr. auch Menschen lebten. Auf der gut einstündigen Führung kommt man an vielfältigen Gesteinsformen vorbei, die in Tropfsteinhöhlen zu finden sind, wie terrassenförmige Sinterbassins oder aufeinander zuwachsende Stalaktiten und Stalagmiten, geheimnisvolle Höhlenseen und glitzernde Kristallbildungen aus

Calcit. Beeindruckend sind zudem durch Kieselsäure ausgehärtete, etwa 12 000 Jahre alte Fußabdrücke von Neandertalern, die man besichtigen kann.

Auch die Akustik der Tropfsteinhöhle hat ihren besonderen Reiz. Auf der sogennanten Orgel (ital. Organo) spielt der Führer ein richtiges Musikstück, indem er kleine Sinterfahnen, die er anschlägt, zum Klingen bringt. Im »Ramo fossile« der Grotta di Santa Lucia Inferiore kommt man an einem Holzpodium vorbei, das den Ort markiert, wo im Sommer wegen der sehr guten Akustik regelmäßig Musikaufführungen in der Höhle stattfinden.

Die Höhlenfunde, wie beispielsweise Werkzeugteile und Bärenknochen, sind im nahe gelegenen prähistorischen »Museo Etnografico della Val Varatella« untergebracht.

Die mächtigen Tropfsteine sind gut ausgeleuchtet.

45 ZUM CASTELL'ERMO

Mächtige Kalkzinne über romantischer Kirche

Keine zehn Kilometer Luftlinie von der Küste entfernt türmen sich die schroffen Kalkabbrüche des Castell'Ermo bis auf eine Höhe von fast 1100 Metern. Der Name lässt vermuten, dass in grauer Vorzeit die Klause eines Eremiten auf dem Gebirgskamm stand.

● mittel   🕐 4:30 Std.   ↔ 10 Km   ⛰ ↑ 600 m ↓ 600 m   🌳

Tourencharakter Zunächst geht es entlang von Fahrwegen bergan, dann weiter auf schönen Bergwegen. Am Gipfel ist etwas Trittsicherheit erforderlich.

Ausgangs- und Endpunkt Onzo, GPS 44.069473, 8.053708

Anfahrt Mit dem Auto auf der A 10 bis Ausfahrt Albenga, dann auf der SP 453 nach Ortovero. Weiter nach Pogli, dahinter rechts auf Bergstraße (SP 20) nach Onzo

Einkehr Unterwegs keine

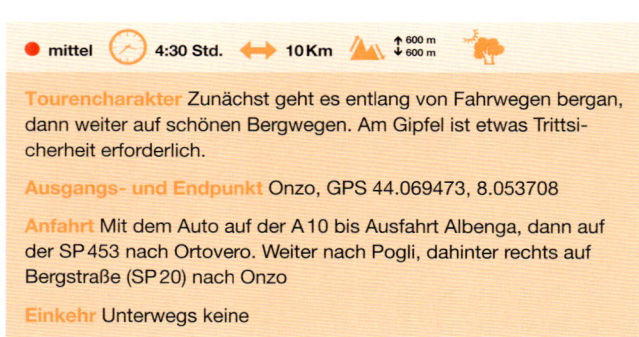

Der Wegverlauf

In **Onzo** **A** steht ein Feigenbaum, an dem rechts eine Straße abzweigt (Schilder »Monte Castell'Ermo«, »Colla d'Onzo«). Wir folgen dieser Straße, bis nach etwa einem Kilometer ein Fahrweg abbiegt, der in Serpentinen den Südrücken erklimmt, der vom Passo d'Onzo herunterzieht. Wir wandern flacher die Kammlinie entlang und genießen eine schöne Aussicht auf den vor uns liegenden Höhenzug des Castell'Ermo.

An der Weggabelung halten wir uns rechts und wandern durch Buchenwald zur **Colla d'Onzo** **1** (1:15 Std.). Am Pass folgen wir der Rechtskurve des Wegs, welcher am Waldrand entlangführt (Markierung: rote Dreiecke). Kurz darauf treten wir aus dem Wald heraus. Es leitet uns in den von der Fahrstraße abzweigenden Weg, der am Südwesthang des Castell'Ermo bergan führt. Noch begleitet uns schöner Bergmischwald, doch es werden auch immer mehr weite Blicke frei, was bei klarer Luft natürlich am schönsten ist.

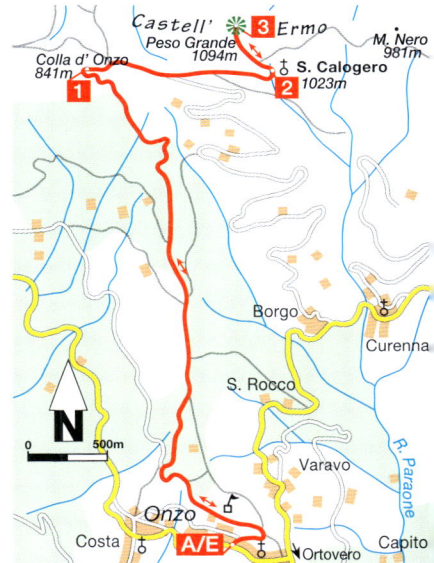

Blick zum Hauptgipfel des Castell'Ermo

Aussichtsreiche Bergkirche

Der Weg wird breiter und steiler, dann gelangen wir auf flacherem Weg zu der Terrasse, auf der die Kirche **San Calogero** 2 (2:10 Std.) steht. Vor dieser biegen wir in einen Pfad (Markierung: rotes Andreaskreuz) und wandern an der Kirchenmauer entlang über eine Wiese zu einem Sattel: Hier liegt der Gipfel direkt vor unseren Augen.

Wieder wenden wir uns nach links und gewinnen, der Markierung folgend, schnell an Höhe. Ein großer Kalkklotz wird südseitig umgangen, der Pfad wird über ein kurzes Stück flacher und wir befinden uns im Abschluss der Besteigung. Vom Gipfel des **Peso Grande** 3 (2:30 Std.) erblicken wir dann das hellblau schimmernde Meer und bei guter Sicht ist sogar Liguriens höchster Berg, der Monte Saccarello, fast zum Greifen nah.

Der Rückweg nach **Onzo** E (4:30 Std.) erfolgt über den Anstiegsweg, wobei sich die um die Kirche ausbreitenden Wiesenflächen für eine ausgiebige Siesta geradezu aufdrängen.

Nach der Wanderung bietet es sich an, den Tag in der schönen Altstadt von Albenga ausklingen zu lassen, die nur etwa 20 Kilometer entfernt ist.

Am dortigen Hafen befindet sich rechts ein sauberer, freier Steinstrand, weiter hinten gibt es noch Sand- und Kiesstrand. Links vom Hafen befindet sich ein kleiner, kostenloser Sandstrand. Geht man noch weiter nach links, findet man einen weiteren Stein- und Sandstrand mit Dusche. Am Ortsende von Albenga (von Imperia kommend) gibt es viele freie Felsstrände, diese eignen sich allerdings weniger für Familien mit kleinen Kindern.

Unterwegs kommt man an
San Calogero vorbei.

Im Hinterland begegnet man häufig
freilaufenden Pferden.

46 ALBENGA

Küstenstadt mit langer Geschichte

Auch wenn man mit Sicherheit nicht wegen der wenig attraktiven Strände nach Albenga fährt, ist die historische Altstadt auf jeden Fall einen Zwischenstopp wert.

Lage Ziemlich genau in der Mitte der Riviera di Ponente, GPS 44.049425, 8.215611

Anfahrt Mit dem Auto auf der A 10 bis Ausfahrt Albenga. Mit der Bahn Linie Genua-Ventimiglia

Einkehr Zahlreiche Restaurants im Stadtzentrum

Info Touristinfo, Piazza del Popolo, 17031 Albenga, Tel. +39 182 558444

Auf halbem Weg von Genua zur französischen Ebene liegt inmitten der hügeligen Riviera di Ponente die Küstenebene von Albenga. Geschaffen durch die Vereinigung von vier Wildbächen zum Fluss Centa, bot der fruchtbare Landstrich Idealbedingungen für die Gründung einer Stadt.

Schon im 3. Jahrhundert v. Chr. ließen sich auf dem Hügel Collina del Monte die Ingauner nieder. Sie galten als der kriegerischste aller ligurischen Stämme. Im Jahr 181 v. Chr. mussten sie die Herrschaft an die Römer abtreten, die in der Nähe ein befestigtes Lager errichteten. Seitdem wurde der Ort nicht mehr verlagert, sodass sich der heutige Stadtkern mit dem römischen Albigaunum deckt.

Bedeutsame Attraktionen

Die touristische Anziehungskraft Albengas liegt nicht in seiner landwirtschaftlich und industriell genutzten Umgebung oder gar den Stränden an der oft verschmutzten Centa-Mündung, vielmehr besitzt die Stadt eine Fülle interessanter Baudenkmäler: Gegenüber der mächtigen Kathedrale San Michele Arcangelo aus dem 11. Jahrhundert (romanische bis spätgotische Stilelemente) steht mit dem Baptisterium das kunstgeschichtlich bedeutendste Bauwerk der Stadt (5. Jahrhundert). Es besitzt wertvolle Mosaiken und prächtige Fenster mit langobardischem Flechtwerk.

Einzigartig für Albenga und in der Region ist die Zahl der schlanken Geschlechtertürme. Über zehn dieser mittelalterlichen Türme, die sich die reichsten Familien aus Prestigegründen hatten errichten lassen, bilden die markante Silhouette Albengas. Der mit über 60 Metern höchste ist der Torre del Comune, welcher um 1300 erbaut wurde. Er kann bestiegen werden und beherbergt ein kleines Stadtmuseum.

Einer der Türme, der Torre Cepolla, neigt sich bedenklich zur Seite, sodass Albenga stolz auf einen eigenen schiefen Turm verweisen kann. Eine weitere Attraktion ist das Schifffahrtsmuseum Museo Navale Romano, in dem unter anderem Amphoren eines antiken Weinfrachters ausgestellt sind.

Große Kirchtürme prägen die Altstadt von Albenga.

47 ZUM COLLE DI CERVO

Rundwanderung mit schönem Meerblick

Die Altstadt von Cervo ist mit ihren verwinkelten Gassen ein Highlight der Riviera di Ponente. Vor der Besichtigung bietet sich eine nette Rundwanderung mit schönen Ausblicken auf Cervo und das Meer an.

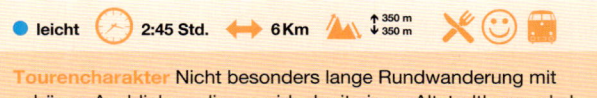

● leicht 🕐 2:45 Std. ↔ 6 Km ⛰ ↑ 350 m ↓ 350 m 🍴 🙂 🚌

Tourencharakter Nicht besonders lange Rundwanderung mit schönen Ausblicken, die man ideal mit einem Altstadtbummel abschließen kann

Ausgangs- und Endpunkt Parkplatz östlich unterhalb von Cervo, GPS 43.9256, 8.1170

Anfahrt A10 bis Ausfahrt Cervo, dann Küstenstraße in Richtung Capo Cervo. Mit der Bahn bis Diano (Linie Genua-Ventimiglia) und weiter mit dem Bus nach Cervo

Einkehr Unterwegs keine, nach der Tour viele Möglichkeiten in Cervo

Der Wegverlauf

Ausgangspunkt ist der kleine Parkplatz bei **Cervo** A östlich unterhalb der Altstadt. Von hier sieht man eine alte Steinbrücke, hinter der es bergauf geht. Wir passieren einige mit Blumen bewachsene Hausmauern und stehen vor einem Schild mit der Nr. 1, das auf einen links abbiegenden Pfad hinweist. Diesem folgend, gewinnen wir an Höhe. An einer Weggabelung wenden wir uns nach links und befinden uns kurze Zeit später vor dem Schild »Parco Comunale del Chiapà«. Vor dem Kinderspielplatz wenden wir uns nach rechts und wandern auf breitem Fahrweg (Markierung: rote Punkte). Er führt mit einer Linkskurve flach bergauf und trifft auf einen weiteren Fahrweg. Hier gehen wir nach rechts und kommen erneut an einer Wandertafel vorbei. Wir befinden uns auf dem Bergrücken **Colle Castellareto** **1** (1:00 Std.).

Meerblicke nach rechts und links

Am höchsten Punkt biegt ein Pfad im rechten Winkel links ab (Markierung: roter Punkt mit Pfeil). Wir gehen auf einer Pfadspur auf den

Blick vom Colle di Cervo Richtung Marina di Andora

Die Tour endet am Kirchenplatz von Cervo.

Monte Cervo mit seinen Sendemasten zu. Bald stoßen wir auf einen Fahrweg, dem wir links folgen. Er schlängelt sich den breiten Rücken zwischen der Bucht von Cervo und der von Andorra empor. Weiter in Richtung Monte Cervo wandernd, wird der Weg zum Pfad in Richtung höchsten Punkt des **Colle di Cervo** **2** (1:30 Std.).

AUTORENTIPP

Wegen der umliegenden Campingplätze ist Cervo gerade auch für Wohnmobil-urlauber sehr geeignet.

Wir laufen den Zaun entlang und stoßen vor dem Tor der Anlage auf den zu ihr führenden Fahrweg. Hier geht es nach links und an der folgenden Wegkreuzung immer geradeaus und wieder leicht berg-auf. Hinter einer Zisterne verlassen wir den Fahrweg und steigen auf schmalem Weg entlang eines langen Zauns links ab (Markierung: rote Punkte). Wir treffen wieder auf einen Fahrweg, gehen hier links und an der folgenden Gabelung geradeaus. An einer Trockenmauer biegen wir im rechten Winkel links in einen Pfad, um kurz darauf den Fahrweg zu erreichen (hier wieder links). Er wird zu einem Teerweg und nach einem Haus erneut zum Erdweg.

An der nächsten Gabelung wandern wir geradeaus. Ab einer Kuppe geht es auf der geteerten Straße in gleicher Richtung absteigend auf das Stadttor von **Cervo** **E** (2:45 Std.) zu. Durch die Altstadt gelangen wir zum Kirchvorplatz und von diesem zum Meer absteigend zum Aus-gangspunkt zurück.

Dort befindet sich auch gleich der kleine Strand von Cervo, wo man direkt im Anschluss an die Tour ins Wasser springen kann.

48 CERVO

Bummel in herrlicher Altstadt

Die zwischen Capo Cervo im Osten und Capo Berta im Westen gelegene Altstadt von Cervo ist ein Juwel unter den zum Teil stark zersiedelten Küstenorten der Riviera di Ponente.

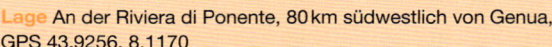

Lage An der Riviera di Ponente, 80 km südwestlich von Genua, GPS 43.9256, 8.1170

Anfahrt Mit dem Auto auf der A 10 bis Ausfahrt Cervo, dann Küstenstraße in Richtung Capo Cervo. Mit der Bahn bis Diano (Linie Genua-Ventimiglia) und weiter mit dem Bus nach Cervo

Einkehr Viele Restaurants und Bars, empfehlenswert das Ristorante Serafino mit tollem Blick auf das Meer

Info Comune di Cervo, www.cervo.com

Der Burgberg liegt nahezu eingezwängt zwischen dem Fluss Cervo und dem gleichnamigen Kap. Innerhalb der Stadtmauer zieht sich ein Labyrinth uralter Gassen und Gewölbe den Hügel hinauf. Als autofreie Stadt mit mittelalterlichen Festungen gehört Cervo zu Recht zur ausgewählten Vereinigung »I Borghi più Belli d'Italia« (Die schönsten Orte Italiens).

Die Stadtmauer wurde im 12. Jahrhundert von den Genuesen erbaut, nachdem sie die Herrschaft über Cervo dem Geschlecht der Clavesana abgerungen hatten. Hauptsehenswürdigkeit des Ortes ist die Barockkirche San Giovanni Battista. Stolz überragt sie das umliegende Häusergewirr und den traumhaft gelegenen Kirchenvorplatz. Sie wurde 1686 vollendet und besitzt eine üppige Innenausstattung, die es ohne Weiteres mit berühmten Barockbauten wie beispielsweise der bayerischen Wieskirche aufnehmen kann.

Mittelalterlicher Reichtum

Dass sich ein so kleiner Ort einen dermaßen teuren Sakralbau leisten konnte, lag an der Korallenfischerei, welche im 17. Jahrhundert die damalige Haupteinnahmequelle war und den Hauptwirtschaftsfaktor Cervos darstellte.

Nahe San Giovanni Battista liegt die sehenswerte Pfarrkirche Oratorio di Santa Caterina. Der romanisch-gotische Bau stammt aus dem 13. Jahrhundert. Den Besuch des Volkskundemuseums Museo Etnografico del Ponente Ligure kann man mit einer Besichtigung des mittelalterlichen Schlosses Castello Clavesana verbinden, welches das Museum beherbergt.

Der alte Ort besitzt nur einen kleinen Strand, hat dafür aber ein Netz gut markierter Wanderwege. Zudem treffen sich hier Freunde der Kammermusik alljährlich zu dem international renommierten »Festival Internazionale di Musica da Camera«.

Übrigens ist Cervo gerade auch für Camper ein gutes Reiseziel, da es hier insgesamt sechs Campingplätze gibt, von denen die meisten direkt am Meer liegen.

Darunter besonders gelobt wird der gut gepflegte Campingplatz Lino, welcher einen kleinen, privaten Sandstrand mit kostenlosen Liegen für seine Gäste zu bieten hat. Zu Ferienzeiten und besonders im August sollte man aber unbedingt rechtzeitig seinen Stellplatz reservieren.

Die schöne Steinbogenbrücke unterhalb von Cervo

49 IMPERIA

Alte Gassen in historischem Ambiente

Die an der Mündung des Impero gelegene Stadt besteht eigentlich aus zwei eigenständigen Teilen. Von diesen ist Porto Maurizio der eindeutig schönere.

Lage An der Riviera di Ponente, 90 km südwestlich von Genua, GPS 43.8874, 8.0411

Anfahrt Mit dem Auto auf der A 10 bis Ausfahrt Imperia Est bzw. Ovest. Mit der Bahn Linie Genua–Ventimiglia

Einkehr Viele Restaurants und Bars; für Fischliebhaber ein Muss: das »Ristorante Sarri« mit seinem fünfgängigen Fischmenü

Info Comune di Imperia, www.goimperia.com (auch auf Englisch)

In der aus dem 12. Jahrhundert stammenden Altstadt bummelt man durch schöne Gassen und unter alten Torbögen hindurch zur Piazza mit Meerblick. Der klassizistische Dom San Maurizio ist des Städtchens ganzer Stolz. Schließlich ist das aus dem 18. und 19. Jahrhundert stammende Bauwerk die größte Kirche Liguriens. Ein Abstecher zur Kirche San Pietro lohnt sich vor allem wegen ihrem schönen Vorplatz.

Er bietet ebenso wie die benachbarte Piazza Parasio schöne Sicht auf das Meer und das Umland. Mitte Juli wird in der Altstadt übrigens beim »Festa della Maddalena« ein jahrhundertealter Totentanz aufgeführt.

Heimstadt des Olivenöls

Der moderne Stadtteil Oneglia hat hingegen einen ganz anderen Charakter: Schon im 19. Jahrhundert war er ein wichtiger Standort der Lebensmittel- und Pharmaindustrie. Sehenswert ist das »Museo dell'Olivo«, wo man unter anderem interessante Exponate zur Geschichte der Olivenölproduktion und auch aktuelle Olivenpressen besichtigen kann (Infos: www.museodellolivo.com). Davon abgesehen bietet Oneglia gute Einkaufsmöglichkeiten für Lebensmittel und empfehlenswerte Fischlokale am Hafen. Allerdings sind gerade in besseren Lokalen Fischgerichte alles andere als billig.

Imperia im Abendlicht

Die alte Römerbrücke von Imperia

50 KAMMWANDERUNG AM MONTE GRANDE

Toller Aussichtsgipfel zwischen Ligurischem Hauptkamm und Meer

Aus tief eingeschnittenen Tälern winden sich zwei kurvenreiche Straßen auf die bereits knapp 1200 Meter hohe Colla d'Oggia. Von hier erreicht man schnell den Monte Grande mit seiner fantastischen Aussicht auf den Ligurischen Hauptkamm und die französischen Seealpen.

 mittel 3:00 Std. 5 Km ↑ 320 m ↓ 320 m

Tourencharakter Aussichtsreiche Kammtour, oft auf Wiesenpfaden, die bei Regen rutschig werden können. Etwas Orientierungsvermögen ist im teils weglosen Gelände hilfreich.

Ausgangs- und Endpunkt Parkplatz an der Colla d'Oggia, GPS 43.9822, 7.8686

Anfahrt Mit dem Auto vom Argentina-Tal über Carpasio Colla d'Oggia oder vom Impero-Tal über Borgomaro, dann Abzweigung Richtung Carpasio kurz vor Ville San Pietro

Einkehr In der Hochsaison einfache Bar am Pass

Die schöne Kammwanderung beginnt direkt an einer kleinen Passstraße.

Der Wegverlauf

An der **Colla d'Oggia** A weist ein Schild auf den Beginn der Wanderung hin (Markierung: zwei rote Punkte). Dem je nach Jahreszeit mehr oder weniger zugewachsenen Pfad folgend, steigen wir die südseitigen Hänge des Monte Grande bis zum **höchsten Punkt** 1 (0:50 Std.) auf.

Nachdem wir das prächtige Panorama ausgekostet haben, wenden wir uns nach Westen. Dem Wiesenkamm folgend, führt ein Karrenweg zum nahezu gleich hohen Nachbargipfel **Monte Carpasina** 2 (1:15 Std.).

Kammwandern mit Weitblick

Wenige Meter hinter dem Gipfel biegt ein Karrenweg nach Nordwesten ab. Wir folgen weiter der Kammlinie nun über einen Graspfad, bis sie nach Westen steil abbricht. Hier wenden wir uns nach links und erblicken eine grün-weiße Markierung. Wir folgen weiter dem Bergrücken, wobei sich der weiterhin sehr aussichtsreiche Weg nach Süden wendet. Bald erreichen wir den **Passo dei Sogli** 3 (1:45 Std.), wo eine alte Steinhütte steht.

247

Vom Colle d'Oggia aus ...

... kann man wunderschön kammwandern.

Hier verlassen wir den Kamm und folgen einem halb links abzweigenden Wiesenpfad. Wir gehen unter Haselbäumen hindurch und erblicken sogleich einen nach Osten hinunterziehenden Wiesenrücken. Auf steilem Wiesenpfad steigen wir den Rücken hinab. Etwa 50 Meter oberhalb eines verfallenen Hauses biegt an einem Haselstrauch ein anfangs tief ins Erdreich eingeschnittener Pfad ab. Je nach Jahreszeit ist die Pfadspur mehr oder weniger deutlich erkennbar. Auf jeden Fall halten wir immer auf die drei Häuser von **Prati Piani** **4** (2:30 Std.) zu (zuletzt wieder Fahrwege), wo wir die von Carpasio heraufführende Teerstraße erreichen und uns an einem Brunnen erfrischen können.

Über die Straße gelangen wir eine knappe halbe Stunde ansteigend wieder zu unserem Ausgangspunkt an der **Colla d'Oggia** **E** (3:00 Std.) zurück.

Sonnenaufgang am Colle d'Oggia

51 ZUM MONTE CEPPO

Wiesengipfel mit Panoramablick

Schon der Ausgangspunkt dieser Tour ist die etwas kurvige Anreise wert: An einer idyllischen Wiesenlichtung liegt die hübsche Benediktinerkirche San Giovanni dei Prati. Von hier aus führt eine einsame Waldwanderung zum schönen Aussichtsberg Monte Ceppo.

● leicht 2:30 Std. 5 Km ↑ 400 m ↓ 400 m

Tourencharakter Recht kurze und waldreiche Wanderung zu zwei wunderschönen, aussichtsreichen Wiesengipfeln. Bei Nässe ist Trittsicherheit auf den Wiesenpfaden erforderlich.

Ausgangs- und Endpunkt San Giovanni dei Prati, GPS 43.955091, 7.752804

Anfahrt Mit dem Auto von Süden über die SP 55 nach Bajardo und über die SP 54 zu San Giovanni dei Prati; von Norden (Triora) über die SP 65 und Colle Langan

Einkehr Unterwegs keine

Der Wegverlauf

Am südlichen Ende der Wiese bei **San Giovanni dei Prati** **A** beginnt ein alter Maultierpfad, der sich zwischen einer Hauszufahrt (links) und einer Fahrstraße (rechts) genau auf den dortigen Waldrücken hinaufzieht (Markierung: grüne Balken an Bäumen). Zunächst geht es recht steil durch Buchen und Pinien bergan. Der Weg ist nicht gut markiert, aber dennoch aufgrund alter Befestigungssteine deutlich zu erkennen.

Ihm folgend verlassen wir schließlich den Rücken und queren in dessen Ostseite (keine Markierungen mehr). Der Buchenwald wird dunkler, fast sogar etwas unheimlich. Hier macht der Weg zuerst eine Rechts- und anschließend eine Linkskurve. Auf dem nun breiteren Weg gewinnen wir stetig an Höhe und der Wald wird wieder lichter und freundlicher. Schließlich gelangen wir wieder an den Waldrand und stehen erneut auf dem Höhenrücken. Hier hat man bereits einen schönen Blick auf den zum Gipfel führenden Wiesengrat.

Bei Nässe kann dieser etwas rutschig sein, aber wegen des leichten Geländes besteht auch dann keinerlei Absturzgefahr.

Blick zum Vorgipfel des Monte Ceppo

Die Tour beginnt bei San Giovanni di Prati.

Der Ginster blüht am schönsten im Juni.

Aus dem Wald auf freie Wiesen

Wir treten aus dem Wald heraus auf den Kamm und erblicken erneut eine Markierung (grün-weiß). Der nun folgende Wiesenpfad ist zum Teil zugewachsen. Die Orientierung ist aber einfach: Wir halten uns auf der Kammlinie und erreichen über diese, zuletzt recht steil, den nördlichen Vorgipfel. Hier befindet sich ein Stein mit einer grün-weißen und einer rot-weißen Markierung.

AUTORENTIPP

Die vergleichsweise weite Anreise zu dieser eher kurzen Wanderung macht vor allem dann Sinn, wenn man die Tour mit der Besichtigung von Triora (Tour 52) und dem Aufstieg zum Monte Saccarallo (Tour 53) verbindet.

Nachdem wir die schöne Aussicht ins obere Argentina-Tal mit dem Bergort Triora genossen haben, wenden wir uns nach Süden, wandern kurz zu einem Wiesensattel hinab und ersteigen über den gegenüberliegenden Wiesenrücken den runden Grasgipfel des nur wenig höheren **Monte Ceppo** `1` (1:30 Std.). Aufgrund seiner exponierten Lage zwischen Meer und Hauptkamm einerseits und zwischen Nervia- und Argentina-Tal andererseits ist er ein Panoramaberg par excellence.

Im Norden ist auch schon der Gebirgskamm des Monte Saccarello zu erkennen, der sich als Tour für den nächsten Tag anbietet.

Wir wandern von hier auf dem Anstiegsweg wieder zu unserem Ausgangspunkt bei **San Giovanni dei Prati** `E` (2:30 Std.) zurück.

Will man nach der Tour ans Meer, ist es am schönsten, über Bajardo zu den sehr sehenswerten Orten Apricale und Dolceacqua zu fahren. Von hier ist es nicht mehr weit zur Riviera di Ponente.

52 TRIORA

Verwunschenes Bergdorf am Ligurischen Hauptkamm

Triora ist seit jeher Hauptort des oberen Argentina-Tales. Schon im 13. Jahrhundert besaß Genua hier eine Statthalterei. Da in dem abgelegenen Gebirge der Aberglaube große Bedeutung hatte, galt der verwinkelte Ort außerdem als Heimstadt von Hexen und übersinnlichen Mächten.

Lage 7 km südlich der französischen Grenze an der Südseite des Ligurischen Hauptkammes, GPS 43.992876, 7.76536

Anfahrt Mit dem Auto auf der A10 bis Ausfahrt Arma di Taggia und dann immer das Argentina-Tal hinauf oder mit dem Bus ab San Remo

Einkehr Sehr zu empfehlen ist das »L'Erba Gatta« in der Via Roma 6 mit preiswerter lokaler Küche und toller Aussicht.

Info Comune di Triora, www.comune.triora.im.it

Das düsterste Stadtviertel ist die Quartiere della Sambughea. Hier liegen finstere Gassen, deren dichte Gewölbe nur hier und da einen Sonnenstrahl durchlassen. Auch der von hohen Mauern umgebene Hauptplatz Piazza della Collegiata besitzt eine faszinierende, beklemmende Aura. Grund für den Hexenkult ist die Erinnerung an einen brutalen Inquisitionsprozess im 16. Jahrhundert, bei dem viele Frauen des Argentina-Tales unter Folter oder im Gefängnis starben bzw. zum Tode verurteilt wurden.

Heimstadt der Hexen?

Als wollte man die dunklen Kräfte mit heiligen Bauten in Schach halten, errichtete man in Triora zehn Kirchen und Kapellen. Die drei sehenswertesten sind Santa Maria Assunta direkt am erwähnten Hauptplatz, die verfallene Kirche San Dalmazio mit einem schönen Blick auf die verschachtelten Hausdächer und den Ligurischen Hauptkamm mit dem Monte Frontè sowie die am Ortsrand gelegene Kirche San Bernardino. Die beste Aussicht auf Triora genießt man vom oberhalb gelegenen

Friedhof, der auch einen Ausgangspunkt für Wanderungen im Naturpark Alpi Liguri darstellt. Eine Besichtigung ist außerdem das kleine Museo Etnografico wert.

Wenige Kilometer unterhalb liegt der Ort Molini di Triora, in dem, wie der Name schon sagt, das Getreide des Tales gemahlen wurde. Das runde und würzige Brot der Gegend schmeckt hervorragend, gerade im Gegensatz zu dem für deutsche Gaumen recht langweiligen italienischen Weißbrot.

Ganz Waghalsige können übrigens unweit von Triora einen Sprung in die Tiefe wagen. An der Ponte di Loreto wird Bungee-Jumping angeboten.

Triora liegt auf einem aussichtsreichen Bergrücken.

53 AUF DEN MONTE SACCARELLO

Zum höchsten Berg des Ligurischen Hauptkammes

Hoch über Verdeggia bildet der Monte Saccarello den imposanten Talschluss des Impero. Für den nicht ganz kurzen Anstieg wird man mit einer gewaltigen Aussicht entschädigt. Auch die weite Anfahrt vom Meer lohnt, liegen doch die wunderschönen Bergdörfer Triora und Molini di Triora auf der Strecke.

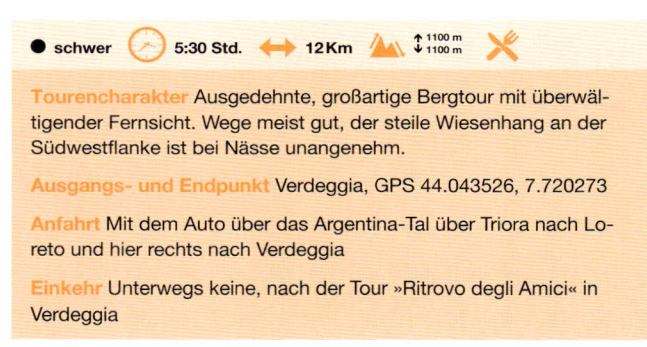

● schwer   5:30 Std.   12 Km   ↑ 1100 m ↓ 1100 m

Tourencharakter Ausgedehnte, großartige Bergtour mit überwältigender Fernsicht. Wege meist gut, der steile Wiesenhang an der Südwestflanke ist bei Nässe unangenehm.

Ausgangs- und Endpunkt Verdeggia, GPS 44.043526, 7.720273

Anfahrt Mit dem Auto über das Argentina-Tal über Triora nach Loreto und hier rechts nach Verdeggia

Einkehr Unterwegs keine, nach der Tour »Ritrovo degli Amici« in Verdeggia

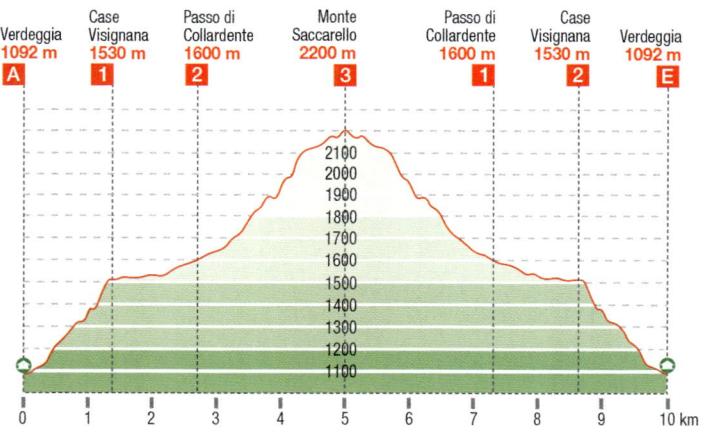

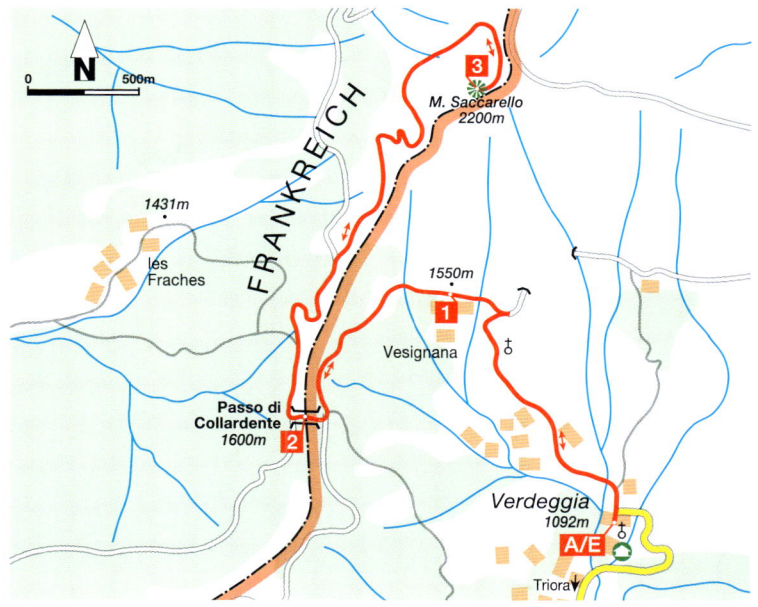

Der Wegverlauf

Am ersten Haus von **Verdeggia** A wenden wir uns nach rechts und folgen einem betonierten Weg mit Geländer. Wir wandern am Haus Nr. 10 vorbei und wenden uns sogleich ein zweites Mal nach rechts in Richtung eines Brunnens und eines Heiligenschreins. Der gepflasterte Weg folgt einem Bachbett bergan, das wir schließlich auf einer Holzbrücke überqueren. Von jetzt an weisen gelb-rote Markierungen den Weg.

Am nächsten Haus folgen wir dem Holzschild zum »Passo Collardente«. Der Weg gewinnt entlang eines Rückens stetig an Höhe. Wir passieren zwei verfallene Häuser und gehen auf einen im Frühsommer goldgelb leuchtenden Hang zu. Unzählige Ginsterbüsche sind für die Farbenpracht verantwortlich. Der gut markierte Weg folgt danach zunächst dem steileren Waldrand, tritt dann in den Wald ein und wird ein kurzes Stück flacher. Durch Farn hindurch gelangen wir zu einem weiteren verfallenen Gemäuer, welches schon zu den **Case Vesignana** 1 (1:00 Std.) gehört.

Am höchsten Gipfel Liguriens steht ein weißer Obelisk.

Von Ginsterhängen ...

Wir stoßen auf einen Fahrweg und folgen diesem in zwei Kehren bergan, bis wir auf eine breite Fahrstraße treffen. Hier wenden wir uns, einem Holzschild folgend, nach links Richtung »Passo di Collardente«. Diesen erreichen wir nach etwa 20 Minuten über einen Fahrweg. Direkt unterhalb des Passes weist ein weiteres Holzschild »Monte Saccarello« auf einen rechts abzweigenden Pfad. Über diesen gelangen wir wenig später auf den **Passo di Collardente** **2** (1:30 Std.).

Wir treffen hier auf einen weiteren Fahrweg, dem wir nach rechts folgen. Durch die erste »AV«-Markierung (Alta Via) wird klar, dass wir uns nun auf einem Teilstück des Ligurischen Höhenwegs befinden. Und mit Überschreitung des Passes für kurze Zeit zudem auf französischem Gebiet. Nach wenigen Metern verlassen wir den Fahrweg und folgen von jetzt an dem gut markierten AV-Weg. Der Weg führt entlang des Waldrückens, tangiert eine Schleife der Fahrstraße und erreicht sie noch einmal an einer Gabelung. Hier folgen wir dem schmaleren Fahrweg halb rechts. Nach etwa 200 Metern verlassen wir auch diesen und folgen dem rechts abzweigenden AV-Pfad.

... zu Alpenrosen

Jetzt wird der Anstieg steiler. Der Weg folgt zunächst einem breiten Rücken, tritt dann aus dem Wald heraus und quert in recht steile Wiesenhänge. Nach einer Wegkehre gelangen wir zurück auf den Rücken. Hier erblicken wir in der Ferne einen auf einem Grat stehenden Felsturm und daneben markante Gesteinsschichten. Wir gehen auf den Turm zu und befinden uns bald auf der Westseite des Berges.

Wir wandern schließlich auf eine Hangkante zu und stehen unvermittelt vor den weiten, sanften Nordhängen des Monte Saccarello. Von links führt ein Fahrweg bergan. Rechts erblicken wir den Gipfel mit seinem Obelisken. Wenig später haben wir den höchsten Punkt Liguriens, den **Monte Saccarello** **3** (3:00 Std.) erreicht. Die grandiose Bergkulisse im Norden und Westen ist beeindruckend: Liegen die Höhen der Piemontgipfel noch weit unter der 3000-Meter-Marke, so wird diese von den französischen Seealpen überschritten.

Der Abstieg nach **Verdeggia** **E** (5:30 Std.) erfolgt auf dem gleichen Weg. Wenn man Glück hat, führt der Bach oberhalb von Verdeggia Wasser, sodass man sich erfrischen kann.

Unweit von Verdeggia kann man sich in einer Gumpe erfrischen.

54 AUF DEN MONTE PIETRAVECCHIA

Spektakulärer Weg zum südlichsten Zweitausender der Alpen

Man könnte den Monte Pietravecchia auch ganz leicht von Norden her angehen, doch der Anstieg über den »Sentiero degli Alpini«, ein alter, stellenweise in den Fels gesprengter Gebirgsjägersteig, ist um einiges eindrucksvoller.

● schwer   ⏱ 4:15 Std.   ↔ 10 Km   ⛰ ↑ 500 m ↓ 500 m   🍴

Tourencharakter Teils spektakulär in den Fels gesprengter, drahtseilgesicherter Steig, gute Trittsicherheit erforderlich

Ausgangs- und Endpunkt Colla Melosa, GPS 43.979831, 7.707035

Anfahrt Mit dem Auto von Ventimiglia via Pigna und über den Colle Langan zur Colla Melosa, wo das Rifugio Allavena steht

Einkehr Unterwegs keine, nach der Tour »Rifugio Allavena« (www.nuovorifugioallavena.it)

Der Wegverlauf

An der **Colla Melosa** A beginnt die bei Bikern berühmte Seealpen-Grenzkammstraße. Wir folgen ihr einen Kilometer weit zur ersten Kehre, wo geradeaus der beschilderte »Sentiero degli Alpini« abgeht. Dieser wurde von den italienischen Genietruppen angelegt, was bestimmt sehr viel Schweiß erforderte.

Der Steig quert die felsigen Hänge des Monte Pietravecchia und des Monte Toraggio. Er führt zunächst über ein paar Gräben, dann folgt eine besonders spektakuläre, aus dem senkrechten Fels gesprengte Passage. Drahtseile sichern an einigen Stellen den gut erhaltenen Weg. Im innersten Vallone dell'Incisa zweigt rechts ein Serpentinensteig ab, der hinaufzieht zur Gratscharte **Gola dell'Incisa** **1** (2:15 Std.). Nun geht es in einem weiten Bogen um den Monte Pietravecchia herum und zum **Passo della Valletta** **2** (3:00 Std.), der eine Gratsenke im Norden des Berges darstellt. Über eine alte Kriegsstraße gelangen wir in ein paar Schleifen bequem zum 2038 Meter hohen Gipfel des **Monte Pietravec-**

Der Name sagt es: Die Via degli Alpini ist ein alter italienischer Kriegsweg.

Nur für Schwindelfreie: die Via degli Alpini am Monte Pietravecchia

chia **3** (3:15 Std.). Wir befinden uns nun auf dem südlichsten Zweitausender des Alpenbogens.

Von hier aus hat man eine tolle Aussicht auf die französischen Seealpen. Seit jeher waren diese Berge eine bedeutende Grenzregion zwischen Frankreich und Italien. Mehrere Pässe sowie einige enge Täler verbinden dort beide Länder. Aus diesem Grund wurden schon seit Jahrhunderten die Zu- und Übergänge der Berge befestigt.

Für den Abstieg geht es zunächst zum Passo della Valletta zurück, dann rechts hinunter zur Seealpen-Grenzkammstraße und auf ihr ohne Orientierungsschwierigkeiten zurück zur **Colla Melosa** **E** (4:15 Std.) und zum Rifugio Allavena, wo es sich natürlich anbietet, nach der Tour einzukehren.

Verlängerung der Wanderung

Wer den gesamten »Sentiero degli Alpini« gehen möchte, zweigt nicht rechts ab, sondern folgt weiter dem Steig nach Süden, der ostseitig um den Monte Toraggio herumführt und dann in die »Alta Via dei Monti Liguri« mündet. Über ein paar lang gezogene Schleifen geht es zum Passo di Fonte Dragurina und dann auf der westlichen (französischen) Seite, allmählich an Höhe verlierend, weiter nordwärts zur Gola dell'Incisa. Der Weiterweg erfolgt von dort aus wie oben beschrieben. Wen es nach den großartigen Bergtouren am französisch-italienischen Grenzgebirge ans Meer zieht, der sollte sich unbedingt die Zeit nehmen, auf dem Weg dorthin die schönen Orte Pigna und Apricale anzusehen. Weiter auf dem Weg nach Süden sollte man zudem einen Zwischenstopp an der Steinbrücke von Dolceacqua einplanen.

AUTORENTIPP

Bei dieser ausgedehnten Rundtour muss man vor allem im Hochsommer unbedingt auf genügend Getränke achten.

55 DOLCEACQUA UND APRICALE

Traumorte im Hinterland der Riviera di Ponente

Schon vor der Erfindung des Fotoapparates erlangte die mittelalterliche Brücke von Dolceacqua europaweite Bekanntheit. Apricale wiederum ist vor allem wegen seiner Wandmalereien viel besucht.

Lage Im Nervia-Tal, 8 km nördlich von Ventimiglia, GPS 43.8501, 7.6234 (Dolceacqua) bzw. 43.8803, 7.6598 (Apricale)

Anfahrt Mit dem Auto auf der A 10 bis Ausfahrt Bordighera, dann weiter in Richtung Ventimiglia und rechts der SP 64 nach Dolceacqua und Apricale folgen

Einkehr Viele Möglichkeiten in beiden Orten

Info www.apricale.org, www.dolceacqua.it (letztere Website auch auf Deutsch)

Der Maler Claude Monet verewigte den ästhetisch geschwungenen Bogen der alten Brücke über die Nervia in einem seiner Meisterwerke. Er bezeichnete das Bauwerk treffend als ein »Juwel der Leichtigkeit«. Die oberhalb von Dolceacqua stehende Festung ergänzt das Ensemble zu einer perfekten Bildkomposition.

Die im 18. Jahrhundert zum Teil zerstörte Burg ist übrigens Schauplatz einer seit Generationen überlieferten Sage: Jede junge Frau des Ortes musste sich nach ihrer Vermählung dem Burgherrn Doria hingeben, der das Jus primae Noctis (das Recht auf die erste Nacht) einforderte. Ein Mädchen namens Lucrezia verweigerte sich ihm, woraufhin sie ins Verlies gestoßen wurde, das sie nicht mehr lebend verlassen sollte. Das rebellierende Volk stürmte die Burg, nahm Doria gefangen und zwang ihn, das unverschämte Gesetz zurückzunehmen. Der Sieg über den Adeligen wird bis heute jeweils am 15. August im Ort gefeiert.

Sehnsuchtsort von Künstlern

Nur sechs Kilometer nordöstlich von Dolceacqua klebt über dem Tal der Nervia einem Schwalbennest gleich das Dorf Apricale am steilen

Hang. Seine Gassen sind gesäumt von farbenprächtigen Wandmalereien. Fernab des Touristenrummels haben sich hier seit den 1970er-Jahren viele ausländische Künstler und Aussteiger niedergelassen. Bei einem Cappuccino auf der besonders schönen Piazza Vittorio Emanuele II bekommt man daher zumeist ein vielsprachiges Kauderwelsch zu hören. Doch das dürfte die alteingesessenen Bewohner Apricales nicht stören, benutzen sie doch selbst ein interessantes Idiom aus Französisch und Italienisch. Im Sommer bereichern Ausstellungen und Konzerte das auf Malerei und Kunsthandwerk beruhende Kulturangebot des hübschen Bergdorfes. Oberhalb des Platzes kann man zudem wechselnde Kunstausstellungen im »Museo della Storia di Apricale« besuchen.

Die Bogenbrücke von Dolceacqua inspirierte bereits Claude Monet.

56 SAN REMO

Mondäner Badeort mit Gebrauchsspuren

Schlagerfestival, Spielkasinos, Radrennen. Diese drei Schlagworte zeugen vom einstigen Glanz einer mondänen Riviera-Stadt, deren Putz an vielen Stellen allerdings abgeblättert ist.

Lage Ca. 25 km westlich der französischen Grenze, GPS 43.815967, 7.776057

Anfahrt Mit dem Auto auf der A 10 bis Ausfahrt San Remo. Mit der Bahn Linie Genua-Ventimiglia

Einkehr Zahlreiche Restaurants und Bars

Info Tourist-Office, Largo Nuvoloni 1, Tel. +39 184 59059, www.visitrivieradeifiori.it

Zunächst stand San Remo im Schatten des vor allem bei reichen englischen Touristen im 19. Jahrhundert beliebteren Bordighera. Als San Remo 1872 ans Eisenbahnnetz angeschlossen wurde, erfolgte auch hier ein gewaltiger Aufschwung, in dessen Folge Nobelvillen und Luxushotels in unterschiedlichsten Stilen (von Neorokoko über Neoklassizismus bis zu maurischen Einflüssen) aus dem Küstenboden schossen.

Mit Beginn des Massentourismus ab den 1960er-Jahren wandelte sich die touristische Nachfrage freilich weg von unerschwinglichen Nobelunterkünften hin zu günstigeren Ferienappartements, was zur Folge hatte, dass auch die Randbereiche immer mehr bebaut und zersiedelt wurden. Ist man aber in der Gegend, lohnt es sich durchaus, hier an der Blumenriviera einen Zwischenstopp einzulegen.

Stadtspaziergang

Nahe der Touristeninformation am Bahnhof zieht zunächst russische Architektur die Augen auf sich. Die Zwiebeltürme der Basilika San Basilio sollten wohl das Heimweh der Zarin Maria Alexandrowa lindern, die 1874 den Sakralbau stiftete. Über den Corso Matteotti gelangt man zum Spielkasino. Zu Anfang des 20. Jahrhunderts gaben sich an

Blick auf die Bucht von San Remo

San Remo besitzt auch einen mondänen Yachthafen.

Die Zwiebeltürme von San Basilio sollten das Heimweh einer Zarin lindern.

seinen Stufen der Spielsucht verfallene Adelige nicht selten die Kugel. Heute hat das benachbarte Kasino von Monaco allerdings San Remo weitgehend den Rang abgelaufen.

AUTORENTIPP

Deutlich günstiger als in San Remo übernachtet man im Hinterland, wie zum Beispiel in den gar nicht so weit entfernten Orten Dolceaqua oder Apricale, von wo man dann weiter ins Gebirge fahren kann.

Der Corso Matteotti führt weiter in das zwischen Hafenbereich und Altstadt gelegene Einkaufs- und Restaurantviertel. Indem man die Fußgängerzone überquert, erreicht man das Stadttor Porte di Santo Stefano und tritt in den Altstadthügel der Pigna ein. Mittelalterliche Gassen führen zur am höchsten Punkt gelegenen Wallfahrtskirche Madonna della Costa. Am westlichen Rand der Pigna schlägt das religiöse Herz San Remos: Die Kathedrale San Siro, das Oratorium dell'Immacolata Concezione und das Baptisterium bilden ein beeindruckendes Ensemble.

Für kulinarische Freuden bietet sich schließlich die Umgebung des alten Hafens (Porto Vecchio) mit zahlreichen Restaurants und Bars an. Ein angesagter Treffpunkt ist u. a. das »Caffè per Mare« am Porto Vecchio, wo man neben Kaffee und Cappuccino auch alle Arten von Drinks bekommt (www.cafepermare.it). Typisch ligurische Küche mit viel Gemüse, leckeren Nudelgerichten oder Kaninchenbraten bietet hingegen im Zentrum das »Nuovo Piccolo Mondo« (Via Piave 7).

Seit 1951 findet in San Remo zudem das Festival della canzone italiana (übersetzt »Festival des italienischen Liedes«) statt. Es ist der bedeutendste Musikwettbewerb Italiens und gilt als ältester Popmusikwettbewerb Europas zugleich als Anstoß zum Eurovision Song Contest. Mittlerweile hat das Festival nur noch nationale Bedeutung. Früher traten dort aber sogar Weltgrößen wie Louis Armstrong auf, der 1968 allerdings nur den dreizehnten Platz erreichte. Alle Infos zum traditionsreichen Sängerstreit gibt es unter www.rai.it/programmi/sanremo.

57 BUSSANA VECCHIA

Künstlerdorf in alten Ruinen

Wenige Kilometer vom mondänen San Remo entfernt kann man etwas im Landesinneren in das von Künstlern wiederhergestellte Bussana Vecchia eintauchen.

Lage Östlich von San Remo, GPS 43.837465, 7.829018

Anfahrt Mit dem Auto von der Küstenstraße SS 1 in Richtung Bussana (Nuova) abzweigen

Einkehr Einige Bars und kleine Restaurants

Info Eine gute Übersicht zu allen Künstlern findet man unter http://bussanavecchia.free.fr (auch auf Englisch).

Östlich von San Remo thront das fast verwunschene Dorf Bussana Vecchia über der von Schnellstraßen und Gewächshäusern verschandelten Küstenebene. Nachdem es 1887 durch ein schweres Erdbeben, bei dem 54 Menschen den Tod fanden, zerstört wurde, verließen die Überlebenden den Ort und ließen sich an der Küste nieder. Über ein halbes Jahrhundert schlummerten die Ruinen im Dornröschenschlaf, bis sie in den 1950er-Jahren sozusagen instand »besetzt« wurden. Vor allem Künstler aus verschiedensten Ländern begannen damit, die verfallenen Gemäuer wieder bewohnbar zu machen, weswegen sich das Dorf auch als »Villaggio Internazionale Artisti« bezeichnet. Durch eine breit angelegte Unterstützungskampagne konnte verhindert werden, dass dieses alternative Wohnmodell vonseiten der Behörden geräumt wurde. Doch auch nach der Duldung dauerte es lange, bis der Ort endlich mit Wasser und Strom versorgt wurde.

Zwischen Verfall und Erneuerung

Heute lebt das Dorf vom spannungsvollen Aufeinandertreffen morbiden Verfalls und kreativer Erneuerung: Beim Dorfrundgang sind schön hergerichtete Ateliers, die vom Unkraut überwucherte Kirchenruine und liebevoll angelegte »Fantasie-Gärten« zu bewundern. Zum Kauf angeboten werden in den kleinen Läden vor allem Malerei, Schmuck und

Kunsthandwerk. Aber man findet auch einige nette Bars und Restaurants zur Erfrischung. Besonders »hippiesk« präsentiert sich die Bar »Relax Zone«, auf deren Terrasse man sich wie in einem Trödelladen vorkommt.

Das kulturelle Highlight von Bussana Nuoava ist wiederum die erst 1901 eingeweihte Kirche Santuario al Sacro Cuore di Gesù. Der 46 Meter hohe Sakralbau besitzt neben den beiden 3,5 Meter hohen Stauten am Eingang einen sehenswerten Hauptaltar und eine beeindruckende Orgel.

Freilich bietet es sich nach der Besichtigung an, ins unweit gelegene Meer zu springen. Bussana Nuova besitzt sowohl Stein- als auch Sandstrände. Von dort aus hat man einen schönen Blick auf die Blumenstadt San Remo. Entlang dieser Küste wurde vor einigen Jahren übrigens ein schöner Radweg angelegt. Alle Infos unter: www.area24spa.it

Bussaba Vecchia wurde einst von einem Erdbeben zerstört.

58 VENTIMIGLIA & VILLA HANBURY

Zum schönsten Garten der Blumenriviera

Die Grenzstadt Ventimiglia blickt auf eine lange Geschichte zurück. Die Küstenebene zwischen Nizza und Ventimiglia wurde dank der günstigen klimatischen Bedingungen schon in prähistorischer Zeit besiedelt.

Lage Am Westende Liguriens kurz vor der französischen Grenze, GPS 43.791237, 7.607586

Anfahrt Mit dem Auto auf der A 10 bis Ausfahrt Ventimiglia. Mit der Bahn Linie Genua–Ventimiglia

Einkehr Viele Fischrestaurants an der Uferpromenade im Stadtzentrum

Info Villa Hanbury (im Winter montags geschlossen), www.giardini-hanbury.com (auch auf Englisch)

Es waren die Römer, welche die strategische Bedeutung des Ortes erkannten. Sie unterwarfen den ligurischen Urstamm der Intemeli und legten nahe dem heutigen Ventimiglia das Lager Albium Intemelium an. Aus dieser Zeit stammen die Ruinen des römischen Theaters, die sich knapp zwei Kilometer östlich der Stadt befinden. In dem im 3. Jahrhundert n. Chr. fertiggestellten Bau fanden bis zu 5000 Besucher Platz. Im Mittelalter entwickelte sich die Stadt auf einem Plateau oberhalb des Roia-Flusses. Dort liegt die Altstadt, wo man weitere Sehenswürdigkeiten Ventimiglias findet: die bis ins 16. Jahrhundert immer wieder umgestaltete Kathedrale mit von romanisch bis spätmanieristischen Baustilen und das spätbarocke Oratorio dei Neri.

Oberhalb der Altstadt erreicht man in einer knappen halben Stunde die Festung San Paolo aus dem 13. Jahrhundert, von der man eine sehr gute Aussicht hat. In der gesichtslosen, östlich der Roia gelegenen Neustadt befinden sich Bahnhof, Markthalle und Uferpromenade. Die langen Kiesstrände in der Umgebung besitzen in Sachen Baden allerdings keinen landschaftlichen Reiz. Im Gegensatz dazu ist das grüne, hügelige Hinterland vor allem bei Mountainbikern sehr beliebt, die dort unterschiedlichste Trails vorfinden.

Bezauberndes Pflanzenparadies

Etwas weiter westlich, kurz vor der französischen Grenze, liegt ein Pflanzen-Juwel, das das Herz eines jeden Botanikers höherschlagen lässt. Gegen Ende des 19. Jahrhunderts legte der englische Millionär Thomas Hanbury nahe Mortola ein exotisches Pflanzenparadies an, in dem mehr als 5000 zum Teil sehr seltene Arten blühten. Zudem stiftete er der Universität von Genua ein botanisches Institut. In und nach dem Zweiten Weltkrieg verwilderte die Anlage, bis im Jahr 1987 das botanische Institut damit begann, den alten Glanz wiederherzustellen. Auch wenn die Artenvielfalt von 1912 nicht wieder erreicht wurde, sind die tropischen, subtropischen und mediterranen Raritäten überwältigend. Die schönste Blütezeit ist von Mitte April bis Mitte Mai.

Der beschilderte Weg führt durch die Zone der »Vier Jahreszeiten«, die Aloenzone, durch den japanischen Garten, vorbei am »Drachenbrunnen«, dem »Garten der Gerüche« zum »Mausoleo Moresco«, wo die Asche Sir Thomas Hanburys und seiner Frau beigesetzt wurde. Unterhalb der Via Julia Augusta erreicht man über den alten Olivenhain und den Salbeigarten die Küste.

Edle Paläste prägen die Küste bei Ventimiglia.

Den Strand von Noli säumt
eine schöne Palmenallee.

SPRACHFÜHRER

WETTER

Blitz fulmine
Gewitter temporale
Grad gewöhnlich
Lee sottovento
Luft aria
Nebel bruma
Regen pioggia
Sturm tempesta
Temperatur temperatura
trocken arido
Unwetter intemperie
Wetter tempo
Wettervorhersage previsioni del tempo

WEGFÜHRUNG

Abzweigung bivio
Entfernung distanza
Fels roccia
Fluss fiume
gefährlich pericoloso
gehen marciare
Geröll detriti
Geübte, nur für solo per esperti
Gruppe gruppo
Höhe altitudine
Höhenlinie isoipsa
Höhenmesser altimetro
Kinder bambini
Landkarte carta geografica
Länge, geografische longitudine
leicht facile

links a manca
markiert marcato
Maßstab scala
Meter metro
Norden nord
Osten est
Ort paese
Pfad sentiero
Punkt punto
Querung traversata
Richtung direzione
riskant audace
Route cammino
Schutz protezione
Schutzhaus rifugio
Schwierigkeit difficoltà
sich verirren perdersi
Süden sud
Tal valle
Tour corsa
Tritt passo
trittsicher a passo sicuro
Umweg giro
ungangbar impraticabile
Verhältnisse, ungünstige condizioni sfavorevoli
Vorsicht attenzione
Wand parete
Wanderung camminata
Wegweiser cartello indicatore
weit largo
Westen ovest
wiederholen ripetere
Zeit tempo
zurück addietro

Klatschmohn wächst oft am Wegesrand.

BERGE

Abhang costa
abschüssig dirupato
Abseilen discesa con la corda
absteigen discendere
Absturz caduta
Alm alpe
Alpen Alpi
Alpenverein Club alpino
anseilen legarsi in cordata
Aufstieg risalita
Berg montagna
Bergführer guida alpina
Berghütte baita
Bergrücken dorso di montagna
Bergrutsch frana
Bergschuhe scarpe da montagna

Bergsteiger alpinista
Bergtour escursione in montagna
Brustgurt cintura toracica
Einstieg accesso
Eis ghiaccio
Eisbruch crollo di seracchi
Erfrierung congelamento
frieren gelare
Gebirgsgruppe gruppo montuoso
Gipfel cima
Gletscher ghiacciaio
Gletscherspalte crepaccio
Grat cresta
Griff appiglio
Handschuh guanto
Joch colle

Kalkstein   calcare
Kälte   freddo
Kamm   cresta
Kante   spigolo
Karabiner   moschettone
Klamm   gola
klettern   scalare
Knoten   nodo
Lawine   valanga
Lawinengefahr   pericolo di
valanghe
Pass (Übergang)   colle
Riss   fessura
Sattel   sella
Schlucht   burrone
Schnee   neve
Schneefallgrenze   limite delle
precipitazioni nevose
Seilbahn   filovia
Selbstsicherung   assicura-
zione

Spitze   becco
steil   ripido
Steinschlag   caduta massi

ESSEN UND TRINKEN
Brotzeit   merenda
Durst   sete
Rucksack   sacco da montagna
Selbstversorgerhütte   ricovero
non custodito

ÜBERNACHTEN
bewirtschaftet   custodito
Hütte   abituro
Lager   campo
Lager aufschlagen   piantare
un campo
Lampe   lampada
Matratzenlager   posto letto

An der Promenade von Camogli

Im Hafen von Portovenere

Schlafraum dormitorio	
Schlafsack sacco a pelo	
Wirt oste	

ERSTE HILFE

alarmieren allarmare
Arzt medico
Bergrettung soccorso alpino
Bergung recupero
Bewusstlosigkeit incoscienza
Blutgruppe gruppo sanguigno
Erschöpfung deperimento
Erste Hilfe pronto soccorso
gebrochen spezzato
Hilfe aiuto
Hubschrauber elicottero
Knochenbruch frattura ossea

Mund-zu-Mund-Beatmung
respirazione bocca a bocca
Notsignal segnale di soccorso
Prellung contusione
Pulsschlag battito del polso
Rettung salvataggio
Schürfwunde abrasione
Schwindel bidonata
Sturz caduta
Unfall incidente
Unglück infortunio
Unterkühlung ipotermia
Verbandspäckchen
compressa di garza sterile
Verletzung ferita

TOURENÜBERSICHT

 Wanderung   Ausflug

Schwierigkeitsgrad: ● leicht   ● mittel   ● schwer bzw. anspruchsvoll

Tour		Bemerkung	🥾	🏰	
01	●	Im Naturpark Montemarcello	x		
02		Lerici		x	
03		La Spezia		x	
04	●	Rundwanderung auf Palmaria	x		
05		Portovenere		x	
06	●	In die Cinque Terre	x		
07		Riomaggiore		x	
08	●	Von Corniglia nach Manarola	x		
09		Manarola & Corniglia		x	
10	●	Von Corniglia nach Monterosso	x		
11		Vernazza & Monterosso al Mare		x	
12	●	Runde oberhalb von Vernazza	x		
13	●	Längs der Costa del Semaforo	x		
14	●	Zum Monte Groppo Rosso	x		
15	●	Zum Gipfel des Monte Penna	x		
16	●	Auf den Monte Aiona	x		
17	●	Zum Monte Bregaceto	x		
18	●	Auf den Monte Porcile	x		
19	●	Küstentour am Monte Moneglia	x		
20	●	Zur Punta Manara	x		
21		Sestri Levante		x	
22	●	Von Portofino nach San Fruttuoso	x		
23		San Fruttuoso		x	
24		Naturpark Monte Portofino		x	
25	●	Von Camogli nach San Fruttuoso	x		

Legende:

- 🕐 Gehzeit
- 🏔 Höhenmeter
- ↔ Länge
- 🍴 Einkehr
- ☺ Für Kinder geeignet
- 🏛 Sehenswürdigkeit
- ❄ Winter geeignet
- ☀ Viel Sonne
- ♒ Bademöglichkeit
- 🌳 Schattiger Weg
- 🚌 Anreise mit Bus/Bahn

Gehzeit	Höhenmeter	Länge	Einkehr	Kinder	Sehensw.	Winter	Sonne	Bade	Schatt. Weg	Bus/Bahn
3:30 h	450/450 HM	8 km	x	x		x	x	x		x
			x	x	x					x
			x	x	x	x				x
2:15 h	250/250 HM	6 km	x	x			x	x		
			x	x	x	x		x		x
5:00 h	550/550 HM	14 km	x					x		x
			x	x		x		x		x
2:30 h	250/330 HM	6 km	x	x		x		x		x
			x	x		x	x	x		x
3:30 h	450/480 HM	9 km	x				x	x		x
			x	x		x				x
3:30 h	400/400 HM	7 km	x					x	x	x
3:00 h	350/330 HM	8 km	x	x						x
2:30 h	450/450 HM	5,5 km		x				x		
2:00 h	350/350 HM	5 km	x	x				x		
6:00 h	1000/1000 HM	14 km	x					x		x
4:00 h	700/700 HM	10 km						x	x	x
3:00 h	400/400 HM	8 km		x			x			
3:30 h	500/500 HM	8 km							x	x
2:30 h	450/450 HM	5,5 km	x	x	x			x		x
			x	x	x			x	x	x
2:00 h	250/250 HM	4 km	x	x	x			x	x	x
			x	x	x			x		
			x					x	x	x
5:00 h	800/800 HM	11 km	x					x		x

Tour		Bemerkung	👟	🏰	
26		Camogli		x	
27	🔴	Rundtour zum Monte Antola	x		
28		Torriglia & Lago del Brugneto		x	
29	🔴	Rundwanderung zum Monte Caucaso	x		
30	🔴	Über die Rocche del Reopasso	x		
31		Castello della pietra und Vobbia-Tal		x	
32	🔵	Von Crocetta d'Orero nach Creto	x		
33	🔵	Zum Forte Diamante	x		
34	🔵	Spaziergang durch Genua	x		
35	🔴	Auf den Monte Tobbio	x		
36	🔴	Zum Monte Pracaban	x		
37	⚫	Besteigung der Punta Martin	x		
38	⚫	Rundwanderung auf den Monte Rama	x		
39	🔴	Über das Capo Noli	x		
40		Noli		x	
41	🔴	Rundtour zum Rocca di Perti	x		
42		Finalborgo und Finale Ligure		x	
43		Kletter-Dorado Finale		x	
44		Grotte di Toirano		x	
45	🔴	Zum Castell'Ermo	x		
46		Albenga		x	
47	🔵	Zum Colle di Cervo	x		
48		Cervo		x	
49		Imperia		x	
50	🔴	Kammwanderung am Monte Grande	x		
51	🔵	Zum Monte Ceppo	x		
52		Triora		x	
53	⚫	Auf den Monte Saccarello	x		
54	⚫	Auf den Monte Pietravecchia	x		
55		Dolceacqua und Apricale		x	
56		San Remo		x	
57		Bussana Vecchia		x	
58		Ventimiglia & Villa Hanbury		x	

🕐	⛰	↔	🍴	☺	🏛	❄	☀	🌊	🌳	🚌
			x	x	x					x
4:00h	700/700 HM	10 km	x						x	x
			x					x		
3:30h	450/450 HM	9 km							x	
3:00h	300/300 HM	6 km	x				x			x
			x	x				x		
3:00h	400/300 HM	7 km	x							x
3:00h	360/230 HM	6 km	x	x	x		x			x
4:00h	0	3 km	x	x	x					x
2:45h	550/550 HM	6 km					x			
4:30h	600/600 HM	9 km							x	x
4:45h	800/800 HM	9 km	x				x			x
5:00h	1000/1000 HM	5 km					x			
2:30h	250/250 HM	5 km	x	x			x	x		x
			x	x	x			x		x
5:15h	550/550 HM	10 km	x						x	x
			x	x	x			x		x
			x							x
			x	x	x					
4:30h	600/600 HM	10 km							x	
			x	x	x					x
2:45h	350/350 HM	6 km	x	x						x
			x	x	x					x
			x	x	x					x
3:00h	320/320 HM	5 km		x						
2:30h	400/400 HM	5 km		x					x	
			x	x						x
5:30h	1100/1100 HM	12 km	x							
4:15h	500/500 HM	10 km	x							
			x	x	x					
			x	x	x			x		x
			x	x						
			x	x	x			x		x

REGISTER

Straßenimpression in Crochefieschi

Küstenimpression
bei Corniglia

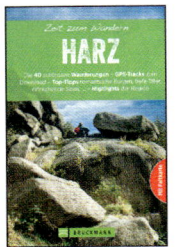

IMPRESSUM

Verantwortlich: Stefanie Krüger
Redaktion/Lektorat: Michaela Zelfel
Umschlaggestaltung: Ralph Hellberg
Layout: graphitecture book & edition
Kartografie: Bruckmann Verlag GmbH, Heidi Schmalfuß; Heike Block,
Huber Kartographie GmbH
Repro: Repro Ludwig Prepress
Herstellung: Alexander Knoll
Printed in Italy by Printer Trento

★★★★★

Sind Sie mit diesem Titel zufrieden? Dann würden wir uns über Ihre Weiterempfehlung freuen. Erzählen Sie es im Freundeskreis, berichten Sie Ihrem Buchhändler, oder bewerten Sie bei Onlinekauf.
Und wenn Sie Kritik, Korrekturen, Aktualisierungen haben, freuen wir uns über Ihre Nachricht an Bruckmann Verlag, Postfach 40 02 09, D-80702 München oder per E-Mail an lektorat@verlagshaus.de.

Unser komplettes Programm finden Sie unter  www.bruckmann.de

Alle Angaben dieses Werkes wurden vom Autor sorgfältig recherchiert und auf den neuesten Stand gebracht sowie vom Verlag geprüft. Für die Richtigkeit der Angaben kann jedoch keine Haftung übernommen werden, weshalb die Nutzung auf eigene Gefahr erfolgt. Insbesondere bei GPS-Daten können Abweichungen nicht ausgeschlossen werden. Sollte dieses Werk Links auf Webseiten Dritter enthalten, so machen wir uns die Inhalte nicht zu eigen und übernehmen für die Inhalte keine Haftung.

Autorenempfehlung
Sie sind auf der Suche nach weiterführender Literatur? Dann empfehle ich Ihnen den Titel »Ligurien mit Cinque Terre – Zeit für das Beste« von Nana Claudia Nenzel und Daniel Schoenen. Oder Sie werfen einen Blick in die Zeitschrift »Bergsteiger«. Hier werden Sie bestimmt fündig.   Ihr Michael Pröttel

Bildnachweis: Alle Bilder im Innenteil stammen vom Autor, mit Ausnahme von: S. 2, 6, 13 oben, 13 unten, 15, 16, 30, 32/33, 46, 183, 185, 187, 191 Marie Brendel; S. 27 (Apricale) Stefano Mazzola/Shutterstock.com; S. 153, 186 Florian Pröttel; S. 175 Alessandro Christiano/Shutterstock.com; S. 205 Kirsten Goth; S. 207 faber1893/Shutterstock.com; S. 221 Paolo Trovo/Shutterstock.com; S. 224/225 Fabio Lotti/Shutterstock.com; S. 231 s74/Shutterstock.com; S. 240 Guido Benedetto/Shutterstock.com; S. 245 oben monticello/Shutterstock.com; 245 unten Stefy Morelli/Shutterstock.com; S. 267 Zakrevsky Andrey/Shutterstock.com; 268 oben Duilio Farina/Shutterstock.com; 268 unten Eve81/Shutterstock.com; S. 271 LianeM/Shutterstock.com; S. 273 Valeria Cantone/Shutterstock.com; S. 274/275 faber1893/Shutterstock.com; S. 181 maudanros/Shutterstock.com

Umschlagvorderseite: Überschreitung der Arnspitze (Bild: M. Pröttel)

Die Deutsche Nationalbibliothek verzeichnet diese Publikation in der Deutschen Nationalbibliografie; detaillierte bibliografische Daten sind über http://dnb.d-nb.de abrufbar.

© 2018 Bruckmann Verlag GmbH

ISBN 978-3-7343-1192-5